JULE WILLIAMS

New York KOCHBUCH

Email: info@edition-lunerion.de
www.edition-lunerion.de

Psiana eCom UG
Berumer Str. 44
26844 Jemgum

Vorwort

Einmal eine Reise nach New York – wer träumt davon nicht? Die Megametropole ist Sehnsuchtsziel von Millionen Menschen und wenn Ihr nächster Urlaub leider noch in weiter Ferne liegt, kommt hier eine gute Nachricht: Denn den Geschmack des Big Apple können Sie ganz einfach auch in Ihrer Küche erkunden und dieses Buch zeigt Ihnen, wie!

New York ist die Stadt, die niemals schläft, und das gilt selbstverständlich auch für Ihre Esskultur: Ob morgens in der U-Bahn oder abends beim Dinner, Big Apple serviert jederzeit die volle Bandbreite an Geschmacksvorlieben – ob Lifestyle-Veggie, deftiger Fleischgenuss, kosher, halal, glutenfrei, hier schöpft wirklich jeder aus dem Vollen. In diesem Buch entdecken Sie deshalb eine Riesenauswahl an unterschiedlichsten Köstlichkeiten, die aus dem pulsierenden Schmelztiegel der Weltmetropole hervorgegangen sind und zahlreiche Einflüsse wie italienisch, jüdisch-aschkenasisch, kubanisch, asiatisch, südamerikanisch, afroamerikanisch und vieles mehr in sich vereinen. Dabei finden Sie legendäre Klassiker ebenso wie innovative Foodtrends, sodass von Fleischfan über Fischfreund bis hin zu Veggie, Fitnessfreak und Naschkatze jeder auf seine Kosten kommt.

Guten Appetit!

INHALT

Vegetarische Hauptspeisen 53

Vegane Hauptspeisen 67

Snacks & Fingerfood 78

New York, New York!

Einmal nach New York – wer wollte das noch nicht? Die Stadt, die niemals schläft, lockt jährlich Reisende aus aller Welt durch ihre zahlreichen Attraktionen an. Dazu gehört auch das Essen: Denn fast kein anderer Ort der Welt ist kulinarisch so vielfältig und einzigartig wie New York City.

New York ist mit über 8 Millionen Einwohnern nicht nur die größte Stadt Amerikas, sondern auch ein Schmelztiegel zahlreicher Kulturen. Gelegen an der Ostküste der USA, kamen hier schon viele Träumer aus aller Welt an, um ihr Glück zu finden. New York wurde so zu einer der faszinierendsten und lebendigsten Kulturmetropolen der ganzen Welt.

Ebenso wie ihre Bewohner ist auch New Yorks Küche vielfältig, aufregend und erfindet sich selbst immer wieder neu. So manch ein weltberühmtes Rezept ist hier entstanden – und auch heute noch finden immer wieder neue Foodtrends aus dem „Big Apple" ihren Weg in die Welt. Beeinflusst von den verschiedenen Kulturen, den Notwendigkeiten des Großstadtlebens und den Spezialitäten, die New Yorks geografische Lage zu bieten hat, überrascht New Yorks Küche mit Kreativität, Pfiff und Biss.

ITALIENISCH-AMERIKANISCHE EINFLÜSSE

Viele der New Yorker Spezialitäten stammen von der großen Population Italo-Amerikanern im Staate New York. Besonders süditalienische Immigranten brachten bei ihrer Besiedelung Kochtraditionen aus Europa mit. Mit der Zeit entwickelten sich so ganz eigene Kochweisen, die bis heute nicht an Frische und Pep verloren haben. Die italienischen Einflüsse zeichnen sich vor allen Dingen durch den Gebrauch von Tomaten, frischem Gemüse, Pasta und verschiedenen Käsesorten aus. So manch einer kennt die berühmte „New York Style Pizza“, die sich durch ihre besonders dicke Kruste von der klassischen italienischen Version abhebt. Auch Risotto, Polenta und Fleischbällchen wurden aus Italien nach Amerika importiert und – manch einer mag behaupten – hier perfektioniert.

ASHKENAZISCH-JÜDISCHE EINFLÜSSE

Ein weiterer Hauptbestandteil der New Yorker Küche hat seinen Ursprung in der ashkenazisch-jüdischen Kultur. Die jüdische Besiedelung in New York begann bereits im 17. Jahrhundert, als jüdische Siedler aus Brasilien in die USA emigrierten. Im Laufe der Jahrhunderte fanden sich immer mehr jüdische Immigranten in New York wieder, besonders Ashkenazi. Die klassischen New Yorker Delikatessenläden, kurz „Deli“, entstanden durch deutsch-jüdische Immigranten. Bekannte jüdische Gerichte, die sich in New York großer Beliebtheit erfreuen, sind unter anderem Knishes (gefüllte Teigtaschen), Matzebällchen-Suppe und Blitzes (Pfannkuchen). Das bekannteste Lebensmittel jüdisch-ashkenazischen Ursprungs ist wohl der „Bagel“, der sich mittlerweile auf der ganzen Welt großer Beliebtheit erfreut.

WEITERE EINFLÜSSE

Da in New York quasi jede Kultur der Welt vertreten ist, ist die Küche auch unendlich vielfältig. Einer der größeren Einflüsse entstand durch Chino-Kubaner, die im 19. Jahrhundert aus Kuba nach New York emigrierten und einen interessanten Mix aus klassisch asiatischer Küche und lateinamerikanischen Rezepten mit sich brachten. Aber auch pakistanische, mexikanische, polnische, koreanische und afroamerikanische Einflüsse tragen viel zu dem bunten Mix an Essen bei, den man hier findet. Viele Restaurants schaffen so ihre ganz eigene Nische, indem sie Rezepte aus aller Welt miteinander verbinden, neu ausprobieren und Innovationen schaffen.

FOODTRENDS AUS NEW YORK

Neben den Traditionen der verschiedenen Kulturen ist New York auch durch Innovation geprägt. Vegan, glutenfrei, koscher, halal – all diese Bedürfnisse an Speisen müssen und wollen erfüllt werden. So kommt es, dass man immer wieder nie da gewesene Neuschöpfungen in New York findet und viele Speisen hier ihren Ursprung haben wollen. Neben der New York Style Pizza gehören dazu auch Eggs Benedict, Lobster Newburg und der sogenannte „Cronut" – eine Mischung aus Croissant und Donut, die bei ihrer Erschaffung 2013 so revolutionär war, dass über 100 Leute Schlange standen, um einen zu bekommen. New York City besteht aus fünf Bezirken: Manhattan, der Bronx, Brooklyn, Staten Island und Queens. Die Stadt bildet ein wildes Getümmel an Pendlern, Kunstschaffenden, Studierenden und Reisenden aus aller Welt. Entsprechend muss es auch für viele Personen überall und zu jeder Zeit etwas zu essen geben – auch zwischendurch. Deswegen hat sich eine eigene Streetfood-Kultur in New York entwickelt, die ihresgleichen sucht. An fast jeder Ecke findet man irgendwo einen kleinen Wagen, der einen mit frischen und heißen Speisen versorgt. Streetfood hat den Anspruch, einfach zu sein, aber einen satt und glücklich zu machen – so findet man hier beispielsweise Soft Pretzels, Hotdogs, aber auch klassische „Halal Carts", die vornehmlich mediterrane Küche servieren.

Breakfast & Brunch

Frühstück & Brunch

COFFEE SMOOTHIE |

KAFFEE-SMOOTHIE

 2 Port.

 50 Min.

 Leicht

Zutaten

2 reife Bananen
½ Vanilleschote
200 ml Kokosmilch
250 ml Kaffee (abgekühlt)
2 EL Mandeln (gemahlen)
2 EL Mandelblättchen
½ TL Zimt (gemahlen)
2 EL Honig

Nährwerte p. P.

123 kcal
14 g Kohlenhydrate
5 g Fett
3 g Eiweiß

1 Zunächst die Bananen schälen und in dicke Scheiben schneiden. In einer frostfesten Dose für etwa 45 Minuten in das Tiefkühlfach stellen.

2 Unterdessen die Mandelblättchen in eine ungefettete Pfanne geben. Auf mittlerer Stufe rösten, bis sie goldbraun sind. Kaffee brühen und auskühlen lassen.

3 Schneiden Sie die Vanilleschote der Länge nach auf und kratzen Sie das Mark aus.

4 Schaben Sie von der Oberfläche der Kokosmilch etwa 3 EL feste Creme. Geben Sie die Creme in eine separate Schale und rühren Sie sie glatt. Von der Kokosmilch 175 ml abmessen und in eine Rührschüssel oder einen Mixer geben.

5 Gemahlene Mandeln, Honig, Zimt, Vanillemark, kalten Kaffee und gefrorene Bananen zur Kokosmilch hinzugeben. Alles mit einem Rührstab oder Mixer zu einem cremigen Smoothie verrühren.

6 Schmecken Sie den Smoothie mit Honig und Gewürzen ab und servieren Sie ihn in zwei Gläsern mit Kokosmilchcreme und Mandelblättchen.

Tipp: Wenn es morgens etwas schneller gehen soll, können die Bananen auch über Nacht in den Kühlschrank gelegt werden, um etwas mehr Festigkeit zu erhalten.

BREAKFAST SANDWICH |

FRÜHSTÜCKS-SANDWICH

1 Port. 10 Min. Leicht

Zutaten

1 Bagel oder Brötchen (z. B. Sesam)
2 Scheiben Speck
3 EL Butter
1 - 2 Eier
2 Scheiben Käse (z. B. Cheddar)
Salz und Pfeffer

Nährwerte p. P.

678 kcal
37 g Kohlenhydrate
44 g Fett
34 g Eiweiß

1 Halbieren Sie den Bagel und bestreichen Sie die Innenseite mit Butter oder pflanzlichem Fett.

2 Bagel mit der beschmierten Seite nach unten in eine Pfanne geben und rösten, bis er goldbraun ist.

3 Wasser in einem Topf zum Kochen bringen. Geben Sie die Eier in das kochende Wasser und kochen Sie sie, bis sie hart sind.

4 Unterdessen den Speck mit der restlichen Butter in der Pfanne von beiden Seiten goldbraun braten.

5 Die Eier pellen und halbieren. Geben Sie den Käse auf die untere Hälfte des Bagels und legen Sie Speck und Eier hinauf, sodass der Käse schmilzt.

6 Salzen, pfeffern und obere Hälfte des Bagels auf das Ei geben.

Tipp: Wenn Sie einen Toaster oder einen Sandwichmaker verwenden, rösten Sie den Bagel ohne Butter und bestreichen Sie ihn danach. Als vegetarische Alternative lassen sich geröstetes Gemüse, wie z. B. Aubergine oder Zucchini, statt des Specks verwenden.

BREAKFAST CASSEROLE |

FRÜHSTÜCKS-AUFLAUF

4 Port.

1 Std. 20 Min.

Mittel

Zutaten

8 Eier (Größe L)
500 ml Milch
1 TL Salz
300 g Kirschtomaten
½ Zwiebel, rot
225 g Frischkäse
Ca. 500 g Bagels
Pfeffer
Räucherspeck zum Servieren

Nährwerte p. P.

666 kcal
73 g Kohlenhydrate
28 g Fett
31 g Eiweiß

1 Am leckersten schmeckt dieser Frühstücksauflauf, wenn Sie ihn am Vortag vorbereiten und über Nacht mit Alufolie abgedeckt ziehen lassen.

2 Kirschtomaten halbieren. Bagels in ca. 2 cm große Würfel schneiden. Frischkäse grob würfeln. Halbieren Sie die Zwiebel längs und schneiden Sie sie in dünne Scheiben.

3 In eine ofenfeste Auflaufform etwa ⅓ der Bagelwürfel verteilen. Geben Sie ⅓ des Frischkäses auf die Bagels und geben Sie anschließend ein paar Kirschtomaten und etwas Zwiebel dazu. Mit einem weiteren Drittel der Zutaten wiederholen und so insgesamt drei Schichten Bagel, Frischkäse, Tomaten und Zwiebeln in der Auflaufform verteilen. Verquirlen Sie die Eier mit der Milch, Salz und Pfeffer.

4 Abdecken und für ca. 10 Minuten oder über Nacht im Kühlschrank ruhen lassen. Unterdessen den Ofen auf 180 °C (Umluft) vorheizen.

5 Auflauf in den Ofen geben und 30 Minuten bis 1 Stunde im Ofen backen. Um zu testen, ob der Auflauf fertig ist, können Sie mit einem Messer oben in die Kruste hineinschneiden. Wenn keine Flüssigkeit mehr austritt, ist der Auflauf servierbereit. Etwa 10 Minuten ruhen lassen, dann mit Räucherspeck servieren.

Tipp: 500 g Bagels entsprechen ca. 5 bis 10 Bagels, je nach Größe.

EGGS BENEDICT

2 Port.

20 Min.

Mittel

Zutaten

2 English Muffins (oder Toasties)
4 Eier (Größe M)
1 L Wasser
3 EL Essig
4 EL Sauce hollandaise
4 Scheiben Speck
Kräuter
Pfeffer und Salz

Für die Sauce hollandaise:
200 g Süßrahmbutter
3 Eier (Größe L)
1 EL Limettensaft (frisch gepresst)
1 - 2 TL Zucker
1 TL Senf (Dijon)
1 TL Crème fraîche
Weißweinessig zum Abschmecken
Salz und Pfeffer

Nährwerte p. P.

247 kcal
28 g Kohlenhydrate
7 g Fett
19 g Eiweiß

1 Als Erstes die Eier pochieren. Dazu in einem Topf 1 Liter Wasser mit 3 EL Essig zum Kochen bringen. Temperatur absenken, bis das Wasser nur noch leicht köchelt. Nehmen Sie einen Schneebesen und rühren Sie das Wasser, bis ein kleiner Strudel entsteht. Die Eier so aufschlagen, dass sie in den Strudel fallen. Achten Sie darauf, dass das Wasser noch in Bewegung ist, während die Eier geschlagen werden. Den Deckel aufsetzen und etwa 3 Minuten lang ohne weitere Wärmezufuhr ziehen lassen. Die Eier mit einem Sieb aus dem Wasser nehmen und abtropfen lassen.

2 Die Englisch Muffins in zwei Hälften schneiden. Über einem Toaster kross rösten. Währenddessen eine Pfanne erhitzen und den Speck darin von beiden Seiten anbraten. Da Speck schon von Natur aus sehr viel Fett besitzt, ist keine weitere Zugabe von Öl oder Butter nötig. Sobald der Speck fertig angebraten ist, auf Küchenpapier abtropfen lassen.

3 Für die Sauce hollandaise 3 Eier trennen und die Eigelbe in eine Rührschüssel geben. Limettensaft, Senf, Crème fraîche, Zucker und 1 Prise Salz hinzufügen. Alles mit einem Pürierstab oder Stabmixer vermengen.

4 Butter in einen Topf geben. Leicht erhitzen, sodass die Butter schmilzt. Nur kurz aufkochen, dann direkt zur Eimasse dazugießen. Unterdessen weiterpürieren. Mit Weißweinessig, Salz und Pfeffer abschmecken. Eier, Speck und Sauce hollandaise auf dem English Muffin anrichten und mit Kräutern garnieren.

STEAK & SPIEGELEIER

2 Port.

35 Min.

Mittel

Zutaten

1 New Yorker Strip Steak (alt.: Rumpsteak)
4 Eier
2 EL pflanzliches Öl
2 EL Butter
1 TL geräucherte Paprika
Salz und Pfeffer
Petersilie

Nährwerte p. P.

650 kcal
3 g Kohlenhydrate
46 g Fett
56 g Eiweiß

1 Vor dem Braten das Steak aus dem Kühlschrank nehmen und für etwa 30 Minuten auf Raumtemperatur abkühlen lassen. Mit Öl einreiben und Salz, Pfeffer und Paprika würzen. Unterdessen eine (am besten gusseiserne) Pfanne erhitzen. Sobald die Pfanne heiß genug ist, das Steak hineingeben und von beiden Seiten insgesamt 5 Minuten lang scharf anbraten.

2 Die Hitze auf die niedrigste Stufe reduzieren und Butter in die Pfanne geben. Bewegen Sie die Pfanne so, dass die schmelzende Butter die ganze Pfanne bedeckt. Gießen Sie mit einem Löffel die geschmolzene Butter immer wieder auf das Steak, sodass sich eine goldene Kruste bildet. Steak nochmals wenden und für 3 Minuten weiterbraten und mit Butter übergießen. Sie können mit einem Fleischthermometer überprüfen, wann das Steak gar ist. Bei 50 °C ist das Steak medium rare, bei 55 °C medium. Steak auf ein Schneidebrett geben und für ca. 10 Minuten rasten lassen.

3 In einer beschichteten Pfanne Pflanzenöl erhitzen. Schlagen Sie die Eier in die Pfanne und braten Sie sie für etwa 3 bis 4 Minuten. Das Eiweiß sollte gestockt sein und die Ränder anfangen, braun zu werden. Mit Salz und Pfeffer würzen. Schneiden Sie das Steak entgegen der Maserung in 3 cm große Streifen. Mit Eiern servieren und beides mit Kräutern garnieren.

Tipp: Mit gerösteten Kartoffeln als Beilage lassen sich Steak & Eggs auch als eine Hauptmahlzeit genießen.

ENCHILADA CUPS |

ENCHILADA-SCHALEN

6 Port.

25 Min.

Mittel

Zutaten

6 Tortillas (ca. 22 cm Durchmesser)
1 Zwiebel (rot)
2 Paprika (gelb und grün)
4 Tomaten
1 EL Olivenöl
75 g Speckwürfel
250 g Schweinefleisch (gehackt)
75 ml Enchiladasoße (alternativ: Salsa)
125 g Bohnen (schwarz)
125 g Käse (gerieben)
Zucker, Salz

Für den Belag:
1 Kopfsalat (klein)
½ Limette
50 ml Olivenöl
60 g Crème fraîche
2 Zweige Koriander
Zucker, Salz, Pfeffer

Nährwerte p. P.

220 kcal
13 g Kohlenhydrate
11 g Fett
14 g Eiweiß

1 Zwei Tomaten mit einer Gabel oder einem Stabmixer pürieren. Tomatenpüree beiseitestellen.

2 Schälen Sie die Zwiebeln und schneiden Sie sie in feine Würfel. Paprikaschoten waschen und halbieren. Entkernen und dann ebenfalls würfeln. Die zwei anderen Tomaten waschen und die Stielansätze mit einem Messer entfernen. Fein würfeln.

3 Erhitzen Sie Olivenöl in einer Pfanne. Zwiebeln kurz anschwitzen, dann Paprika und Tomaten hinzugeben. Für etwa 5 Minuten bei mittlerer Hitze braten. Den Gemüsemix in eine Schale füllen und beiseitestellen.

4 Die Bohnen abspülen und in einem Sieb abtropfen lassen.

5 Speckwürfel ohne Fett in die Pfanne geben. Bei mittlerer Hitze ein paar Minuten braten, bis sie braun sind. Geben Sie das Hackfleisch hinzu und lockern Sie es gegebenenfalls mit einem Löffel etwas auf. Tomatenpüree hinzufügen und anbraten. Das Ganze mit Enchiladasoße ablöschen und Gemüsemix hinzugeben.

6 Bohnen untermischen und alles bei schwacher Hitze für etwa 5 Minuten köcheln lassen. Schmecken Sie die Füllung mit Zucker und Salz ab.

7 Heizen Sie den Backofen auf 180 °C (Umluft) vor. Nehmen Sie ein Muffinblech und drücken Sie die Tortillas vorsichtig in die Form.

8 Achten Sie darauf, dass die Tortillas nicht reißen. In jede Form 2 bis 3 Esslöffel der Füllung geben und geriebenen Käse hinübergeben. Backen Sie die Enchiladas für ca. 10 Minuten, bis der Käse geschmolzen ist.

9 Unterdessen den Salat waschen und in feine Stückchen raspeln. Pressen Sie die Limette aus und mischen Sie den Saft mit Olivenöl, Zucker, Salz und Pfeffer. Koriander abspülen und trocken tupfen. Die Blätter von den Stielen entfernen und in die Oliven-Limetten-Mischung geben.

10 Enchilada-Förmchen aus dem Muffinblech nehmen, Salat hinüberlegen und mit dem Limetten-Dressing beträufeln. Mit Crème fraîche garnieren.

Tipp: Wenn Sie vegetarische Enchiladas möchten, können Sie Speckwürfel und Hackfleisch durch Vollkornmais ersetzen, um den typischen Geschmack beizubehalten.

BUTTERMILCH-PANCAKES

12 Port.

15 Min.

Leicht

Zutaten

3 Eier
150 ml Buttermilch
175 g selbst backendes Mehl
1 TL Streuzucker
1 Prise Salz
15 ml Pflanzenöl zum Braten
Speck und Ahornsirup zum Servieren

Nährwerte p. P.

150 kca
24 g Kohlenhydrate
2 g Fett
7 g Eiweiß

1 Eier mit Buttermilch in einer Schüssel verquirlen. Zucker und Salz hinzugeben. Mehl in die Schüssel sieben und alles verrühren, bis ein glatter, dicker Teig entsteht.

2 Öl in einer Pfanne erhitzen. Geben Sie mithilfe eines großen Löffels den Teig in die Pfanne und backen Sie die Pfannkuchen von beiden Seiten jeweils etwa 2 Minuten, bis sie goldbraun sind.

3 Fertige Pfannkuchen in einem sauberen Geschirrtuch warmhalten und den Vorgang wiederholen, bis kein Teig mehr übrig ist. Je nach Größe ergibt das Rezept etwa 6 bis 12 Pfannkuchen.

4 Den Speck in der Pfanne anbraten, bis er knusprig ist. Gemeinsam mit Ahornsirup auf den Pfannkuchen anrichten.

Tipp: Für eine vegetarische Variante mit frischen Früchten und Beeren servieren.

PASTRAMI-BAGEL

2 Port.

10 Min.

Leicht

Zutaten

2 Bagels
1 EL Butter
4 - 6 Scheiben Pastrami
4 Salatblätter
½ TL Meerrettich-Creme
1 Tomate
Salz, Pfeffer

Nährwerte p. P.

241 kcal
27 g Kohlenhydrate
8 g Fett
17 g Eiweiß

1 Nehmen Sie die Butter aus dem Kühlschrank und lassen Sie sie etwas aufwärmen. 1 Esslöffel mit der Meerrettich-Creme vermischen und beiseitestellen.

2 Waschen Sie die Salatblätter und schleudern Sie sie trocken. Tomaten halbieren und das Innere entfernen. In Scheiben schneiden und ebenfalls an die Seite stellen.

3 Halbieren Sie beide Bagels. Legen Sie die Hälften auf einen Toaster und lassen Sie sie jeweils ein bis zwei Durchgänge rösten. Alternativ können Sie die Bagels auch im vorgeheizten Ofen etwas anbräunen.

4 Jeweils beide Hälften mit Meerrettich-Butter-Creme bestreichen. Geben Sie auf die untere Hälfte Salat, 2 bis 3 Scheiben Pastrami und Tomaten.

5 Pfeffern und salzen Sie den Bagel. Dann die obere Hälfte hinaufgeben und anrichten.

Tipp: Wer keinen Meerrettich mag, kann wahlweise auch Frischkäse oder Senf als Unterlage verwenden. Für extra Hungrige können auch Spiegeleier mit auf den Bagel.

CLUB-SANDWICH

2 Port.

25 Min.

Leicht

Zutaten

6 Scheiben Sandwichtoast
250 g Hähnchenbrustfilet
Thymian
6 Scheiben Bacon
3 Blätter Eisbergsalat
2 Eier (Größe M)
1 Tomate
1 - 2 TL Senf
40 g Mayonnaise
Salz und Pfeffer
Öl zum Braten

Nährwerte p. P.

686 kcal
40 g Kohlenhydrate
45 g Fett
25 g Eiweiß

1 Zuallererst die Eier für ca. 10 Minuten hart kochen. Nach der Kochzeit mit kaltem Wasser abschrecken. Unterdessen das Hähnchenbrustfilet mit Salz und Pfeffer würzen. Pfanne auf mittlerer Hitze erhitzen und Öl hinzugeben. Hähnchenbrust in die heiße Pfanne geben und von beiden Seiten für etwa 3 Minuten scharf anbraten. Hitze reduzieren und Thymian auf die Hähnchenbrustfilets geben. Für weitere 2 bis 4 Minuten garen.

2 Hähnchenbrustfilet aus der Pfanne nehmen und beiseitelegen. Speck ohne Zugabe von weiterem Fett in die Pfanne geben. Kross anbraten und auf einem Teller mit Küchenpapier abtropfen lassen.

3 Mayonnaise mit Senf mischen und mit Salz und Pfeffer würzen. Salat klein schneiden und zur Mayonnaise hinzugeben. Tomaten halbieren, das Innere entfernen und in Scheiben schneiden. Eier pellen und in dicke Scheiben schneiden.

4 Toastscheiben im Toaster rösten, bis sie goldbraun sind. Vier Toastscheiben nehmen und mit dem Mayonnaise-Mix bestreichen. Zwei mit Mayonnaise bestrichene Toastscheiben auf einen Teller geben und Hähnchenbrust hinaufgeben. Wenn Sie nur ein Stück Hähnchenbrust haben, können Sie dieses zu diesem Zweck zerteilen.

5 Die zwei anderen Toastscheiben so auf die Hähnchenbrust legen, dass die Mayonnaise nach oben zeigt. Tomatenscheiben hinaufgeben. Legen Sie die Eierscheiben dazu und garnieren Sie alles mit dem Speck. Pfeffern, dann die letzten zwei Toastscheiben jeweils obendrauf legen. Stecken Sie die Sandwiches mit Spießen fest, ehe Sie sie diagonal halbieren. Mit frischem Orangensaft servieren.

Salads

Salate

CHICKEN AND APPLE SALAD |

SALAT MIT HÜHNCHEN UND APFEL

 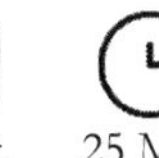 

4 Port. 25 Min. Mittel

Zutaten

2 Äpfel (z. B. Cox)
½ Zitrone
1 TL Honig
150 g Trauben (rot und grün)
2 Stangen Staudensellerie
4 Frühlingszwiebeln
2 Hühnerbrüste, ca. 300 g
1 - 2 EL Walnüsse (gehackt, geröstet)
Öl

Für das Dressing:
200 g Naturjoghurt (0 % Fett)
1 Zehe Knoblauch
1 EL Apfelessig
1 EL Senf
Dill zum Garnieren
Salz und Pfeffer

Nährwerte p. P.

515 kcal
42 g Kohlenhydrate
12 g Fett
55 g Eiweiß

1 Die Hühnerbrüste salzen und pfeffern. In eine heiße Pfanne mit Öl geben und von beiden Seiten für jeweils 3 Minuten goldbraun anbraten lassen. 2 bis 3 Minuten bei reduzierter Hitze garen.

2 Weintrauben halbieren. Sellerie und Frühlingszwiebel in feine Scheiben schneiden und beiseitelegen. Knoblauchzehe zerdrücken.

3 Äpfel waschen und entkernen. In kleine Würfel hacken. Zitrone pressen und gemeinsam mit Honig zum Apfel dazugeben. Trauben, Frühlingszwiebeln, Salat und Sellerie ebenfalls untermischen.

4 Hühnchenfilet in Streifen reißen und zum Salat hinzufügen. Alles gut durchmischen, sodass eine heterogene Masse entsteht.

5 Dill hacken. Gemeinsam mit Joghurt, Essig, Senf und Knoblauch vermengen. Mit Salz und Pfeffer abschmecken. Gut über dem Salat verteilen und durchschwenken.

6 Zum Servieren mit Walnüssen bestreuen.

TUNA SALAD |

THUNFISCH-SALAT

2 Port.

10 Min.

Leicht

Zutaten

2 Dosen Albacore-Thunfisch
3–4 EL Mayonnaise
2 Stängel Sellerie
2 Zwiebeln (rot)
Dill
Salz und Pfeffer
1 Römersalat
150 g Kirschtomaten
1 Gurke
½ Dose Oliven
2 Frühlingszwiebeln

Nährwerte p. P.

350 kcal
11 g Kohlenhydrate
18 g Fett
35 g Eiweiß

1 Sellerie und Frühlingszwiebeln fein hacken. Zwiebel schälen und würfeln. Dill ebenfalls fein hacken. Alles beiseitestellen.

2 Kirschtomaten halbieren. Den Salat waschen und trocken schleudern. Die Salatblätter voneinander trennen. Gurke in Scheiben schneiden.

3 Lassen Sie den Thunfisch in einem Sieb abtropfen. Thunfisch in eine Rührschüssel geben. Mit einer Gabel in kleine Stücke zerdrücken.

4 Mayonnaise, Sellerie und die Hälfte der Zwiebeln unterrühren. Mit Dill, Salz und Pfeffer abschmecken.

5 Die Salatblätter auf einem Teller auslegen. Mit Tomaten, Gurken, Zwiebeln, Frühlingszwiebeln und Oliven anrichten. In die Mitte den Thunfischsalat geben und mit etwas Dill garnieren.

Tipp: Der klassische Thunfisch-Salat aus den New Yorker Deli besteht aus weißem Thunfisch – es eignet sich natürlich auch jeder andere Thunfisch.

WALDORF SALAD |

WALDORF-SALAT

4 Port.

15 Min.

Leicht

Zutaten

1 EL Zitronensaft
6 EL Mayonnaise (oder Naturjoghurt)
½ TL Salz
Pfeffer
2 Äpfel (süß)
150 g Trauben (weiß, kernlos)
2 Staudensellerie
130 g Walnüsse (gehackt, geröstet)
1 Kopfsalat

Nährwerte p. P.

301 kcal
25 g Kohlenhydrate
22 g Fett
6 g Eiweiß

1 Äpfel entkernen. Schälen und in Würfel schneiden. Sellerie in feine Scheiben schneiden. Trauben halbieren.

2 Für das Dressing die Mayonnaise mit Zitronensaft, Salz und Pfeffer verrühren.

3 Äpfel, Sellerie, Weintrauben und einen Teil der Walnüsse hinzugeben.

4 Kopfsalat in Stücke reißen und einen Teller damit bedecken. Den Waldorf-Salat hinaufgeben und mit den restlichen Walnüssen garnieren.

Tipp: Wenn Sie Joghurt statt Mayonnaise verwenden, sollten Sie den Zitronensaft weglassen. Um den säuerlichen Geschmack des Joghurts auszugleichen, können Sie etwas Honig hinzufügen. Der Waldorf-Salat kann auch ungesalzen serviert werden – das Salz gleicht allerdings den süßen Geschmack der Äpfel und Trauben angenehm aus.

ITALIAN SALAD NEW YORK STYLE |

ITALIENISCHER SALAT NACH NEW YORKER ART

6 Port.

30 Min.

Leicht

Zutaten

1 Zehe Knoblauch
½ Zwiebel (rot)
2 EL Mayonnaise
2 EL Rotweinessig
2 EL Olivenöl (kalt gepresst)
½ TL Oregano (getrocknet)
1 Kopf Römersalat
¼ Kopf Eisbergsalat
1 Kopf Radicchiosalat
1 Selleriestange
100 g Kirschtomaten
40 - 50 g Oliven (grün, entsteint)
8 Peperoncini
60 g Parmigiano Käse (gehobelt)
Koscheres Salz und Pfeffer

Nährwerte p. P.

248 kcal
10 g Kohlenhydrate
23 g Fett
5 g Eiweiß

1 Römersalat fein hacken. Radicchio halbieren, entkernen und grob zerkleinern. Eisbergsalat ebenfalls grob zerkleinern.

2 Sellerie in Scheiben schneiden. Zwiebel schälen und in dünne Scheiben schneiden.

3 Knoblauch pressen. Mayonnaise, Essig und Oregano vermischen. Mit Knoblauch, Olivenöl, Pfeffer und Salz gründlich vermengen.

4 Salate, Sellerie und Zwiebeln hinzugeben und alles gemeinsam schwenken. Oliven und Kirschtomaten hinzugeben. Fügen Sie zum Schluss den gehobelten Käse hinzu und verfeinern Sie alles nochmals mit Pfeffer und Salz. Mit Peperoncini servieren.

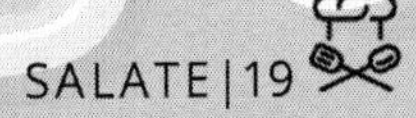

KALE SALAD |

GRÜNKOHL-SALAT

4 Port.

1 Std. 10 Min.

Leicht

Zutaten

120 g Mehl
50 g weiche Butter
30 g getrocknete Tomaten (in Öl eingelegt)
60 g Parmesan
5 - 6 EL Kürbiskerne
600 g Grünkohl (ersatzweise Wirsing)
6 EL Apfelsaft
120 g Cranberrys (getrocknet)
4 - 6 EL Sherryessig
2 Schalotten
6 EL Olivenöl (kalt gepresst)
1 Kopf Radicchio
½ Kopf Endiviensalat
Pfeffer aus der Mühle und Meersalz

Nährwerte p. P.

485 kcal
29 g Kohlenhydrate
34 g Fett
16 g Eiweiß

1 Butter vor der Zubereitung bei Zimmertemperatur aufwärmen lassen. Die getrockneten Tomaten abtropfen lassen.

2 Reiben Sie den Käse fein, wenn er nicht schon gerieben ist. Gemeinsam mit Mehl in einer Rührschüssel mischen. Salz hinzugeben und Butter in kleinen Stückchen hinzufügen. Mit den Händen verkneten, sodass Streusel entstehen.

3 Schneiden Sie die getrockneten Tomaten in feine Scheiben. Mit Kürbiskernen zu den Streuseln geben und untermischen. Die Streuselmasse für ca. 30 Minuten im Kühlschrank kalt stellen.

4 Heizen Sie den Backofen auf 200 °C (Umluft) vor. Legen Sie ein Blech mit Backpapier aus und verteilen Sie die Streusel auf dem Blech. Für etwa 15 Minuten rösten, bis sie knusprig sind. Aus dem Ofen nehmen und auskühlen.

5 Zupfen Sie die Grünkohlblätter von den Stielen. Setzen Sie Wasser mit Salz in einem Topf auf und lassen Sie es kochen.

6 Grünkohl hinzugeben und für etwa 3 Minuten zugedeckt kochen. Nehmen Sie den Topf vom Herd und lassen Sie den Kohl für 2 Minuten weiter im Wasser ziehen.

7 Unterdessen Cranberrys mit Apfelsaft in einen kleinen Topf geben. Zugedeckt erwärmen und ein paar Minuten ziehen lassen. Schalotten schälen und in feine Stücke hacken.

8 Schalotten mit 4 Esslöffeln Essig, Pfeffer und Salz vermengen. 4 Esslöffel Olivenöl und Cranberry-Apfelsaft-Gemisch hinzufügen. Alles gründlich verrühren.

9 Grünkohl abtropfen und in feine Stücke hacken. Die Marinade zum Grünkohl hinzugeben und alles vermengen. Die Salatköpfe putzen und waschen, während das Grünkohl-Gemisch auskühlt.

10 Trocken schleudern und in mundgerechte Stücke zerreißen. 2 Esslöffel Öl, 1 - 2 Esslöffel Essig und Salz hinzugeben, alles gut vermengen. Blattsalat mit Grünkohl gemeinsam servieren und alles mit dem Käse-Crumble garnieren.

BAGEL SALAD |

BAGEL-SALAT MIT FRISCHKÄSEDRESSING

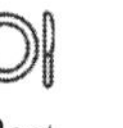 6 Port.  30 Min.  Leicht

Zutaten

Für das Frischkäse-Dressing:
60 g Frischkäse (Raumtemperatur)
3 EL Kren
2 Zehen Knoblauch
3 Frühlingszwiebeln
1 Zitrone
1 TL Sesamöl (geröstet)
2 EL Apfelessig
1 TL Salz (koscher)
80 ml Traubenkernöl
1 EL Wasser

Für die Bagel-Croûtons:
4 Tage alte Bagels
50 ml Olivenöl

Für den Salat:
½ Bund Grünkohl
1 Kopf Römersalat
½ Zwiebel (rot, klein)
½ Salatgurke
3 Roma-Tomaten (fest)
150 g Lachs (geräuchert)
Kapern (zur Dekoration)

Nährwerte p. P.

508 kcal
41 g Kohlenhydrate
31 g Fett
14 g Eiweiß

1 Den Ofen auf 180 °C (Umluft) vorheizen. Die Bagels in kleine Würfel schneiden oder brechen und auf einem Ofenblech verteilen. Mit Olivenöl beträufeln und durchschwenken, sodass sie gut beschichtet werden. Für 15 Minuten im Ofen backen, dann wenden und weitere 10 Minuten goldbraun toasten. Nach dem Herausnehmen an der Luft abkühlen.

2 Unterdessen die Knoblauchzehe pressen oder sehr fein zerkleinern. Trennen Sie den weißen und grünen Teil der Frühlingszwiebel und hacken Sie das Grün in feine Ringe. Die Zitrone pressen und den Saft beiseitestellen.

3 Geben Sie den Frischkäse, den Kren, Knoblauch und geschnittene Frühlingszwiebeln in eine mittelgroße Schüssel. Zitronensaft, Sesamöl, Apfelessig und Traubenkernöl hinzufügen. Alles gut verrühren und 1 Teelöffel Salz hinzufügen. Das Wasser esslöffelweise beim Rühren unterheben, bis die Konsistenz dickflüssig und cremig ist.

4 Für den Salat den Grünkohl und den Römersalat zerkleinern. Zwiebel schälen und in dünne Ringe schneiden. Waschen Sie die Gurke und die Tomaten und schneiden Sie sie in dünne Scheiben. Den Lachs in dünne Streifen schneiden.

5 Grünkohl, Römersalat, Zwiebeln, Gurken, Tomaten und Bagel-Croûtons gründlich miteinander vermengen. Den Salat auf einem großen Tablett oder in einer großen Salatschüssel anrichten. Räucherlachs und Kapern auf dem Salat verteilen und mit dem Dressing beträufeln.

LONG ISLAND DELI POTATO SALAD |

LONG-ISLAND-DELI-KARTOFFELSALAT

30 Port.

12 Std. 40 Min.

Mittel

Zutaten

60 ml Essig, weiß
60 ml Wasser
60 ml Zucker
60 ml Pflanzenöl
2 Zwiebeln (rot)
1 ¼ TL Meersalz
¾ TL Pfeffer, weiß
1,5 kg Frühkartoffeln
200 g Mayonnaise
½ Karotte (klein)
3 EL Petersilie zum Garnieren

Nährwerte p. P.

294 kcal
37 g Kohlenhydrate
15 g Fett
2 g Eiweiß

1 Zwiebeln schälen und reiben. Für die Salzlake Essig, Wasser, Zucker und Pflanzenöl miteinander verquirlen. Zwiebeln, Salz und Pfeffer hinzufügen. Beiseitestellen. Geben Sie die Kartoffeln in einen großen, mit Wasser befüllten Topf. Die Kartoffeln sollten knapp mit dem Wasser bedeckt sein. Zum Kochen bringen und kochen, bis sie fast gabelweich sind.

2 Kartoffeln abgießen und unter kaltem Wasser abspülen. Schälen und achteln, dann von den kleinen Stücken noch dünnere Scheiben abschneiden. Kartoffeln in eine flache Auflaufform legen und die Salzlake hinübergeben. Decken Sie die Lake mit Frischhaltefolie ab und geben Sie die Kartoffeln über Nacht in den Kühlschrank. Für einen noch intensiveren Geschmack können Sie die Kartoffeln auch 2 Tage lang ziehen lassen. Nach der Hälfte der Kühlzeit die Kartoffeln wenden, damit sie gleichmäßig von der Lake bedeckt sind.

3 Am nächsten Tag die Kartoffeln von der überschüssigen Lake befreien. In eine Schüssel geben und die Mayonnaise hinzufügen. Alles miteinander vermengen. Für mehr Cremigkeit mehr Mayonnaise hinzugeben, bis alles eine glatte Konsistenz erreicht hat. Karotte für die Garnitur raspeln. Den Salat mit Salz und Pfeffer abschmecken und mit Karotten und Petersilie garnieren.

Tipp: Damit der New-Yorker-Deli-Salat gelingt, muss vor allen Dingen die Salzlake stimmen. Am besten schmeckt er, wenn volle 2 Tage gewartet werden, bis die Kartoffeln von der Lake getrennt werden. So machen es die meisten Feinkostläden. Weißer Pfeffer verschönert das Aussehen des Salates. Der Salat hält sich etwa 5 Tage und wird mit der Zeit noch geschmacksintensiver.

Soups

Suppen

CHICKEN NOODLE SOUP |

HÜHNCHEN-NUDELSUPPE

4 Port.

5 Std. 50 Min.

Leicht

Zutaten

2 ganze Suppenhühnchen (klein, jeweils ca. 1,2 kg)
3 Zwiebeln (rot)
2 Zweige Thymian
2 Karotten
1 Stange Lauch
2 Stangen Stangensellerie
1 Zehe Knoblauch
2 Lorbeerblätter
3 EL Petersilienblätter
2 TL Olivenöl
200 g Pappardelle
120 g Champignons
20 g Steinpilze (getrocknet)
4 L Wasser
Salz

Nährwerte p. P.

162 kcal
12 g Kohlenhydrate
6 g Fett
13 g Eiweiß

1 Spülen Sie die beiden Hühnchen ab. Trocken tupfen und dann die beiden Brüste entfernen. Luftdicht verschließen und im Kühlschrank aufbewahren, bis sie gekocht werden. Entfernen Sie das überschüssige Fett vom Hühnchen.

2 Etwa 4 Liter Wasser in einen großen Topf gießen. Das Wasser sollte kalt sein. Die Hühnchen hinzugeben.

3 Waschen Sie den Thymian und schälen Sie 2 Zwiebeln. Zwiebeln fein hacken. 1 Karotte putzen und grob hacken. Stangensellerie und Lauch waschen und ebenfalls grob schneiden. Alles gemeinsam mit Lorbeerblättern zu den Hühnchen in den Topf geben.

4 Gut salzen und alles bei mittlerer Hitze aufkochen. Reduzieren Sie die Hitze, sobald das Wasser kocht. Alles zwischen 4 und 5 Stunden mit einem Deckel verschlossen köcheln lassen. Falls Schaum entsteht, abschöpfen.

5 Schälen Sie unterdessen die Zwiebeln und die Knoblauchzehe. Beides fein hacken und beiseitestellen.

6 Bedecken Sie die Steinpilze mit heißem Wasser, bis sie aufgeweicht sind. In einer Pfanne 1 Teelöffel Olivenöl erhitzen und etwa ¼ der Zwiebeln hinzufügen. Die Hälfte des gehackten Knoblauchs hinzufügen und beides etwa 2 Minuten lang anschwitzen. Danach aus der Pfanne entfernen und bei Raumtemperatur abkühlen lassen.

7 Die Hühnerbrüste etwa 1 Stunde vor Ende der Kochzeit der Hühnchen aus dem Kühlschrank nehmen. In sehr feine Stücke schneiden oder hacken und beiseitestellen. Petersilie waschen und fein schneiden. Geben Sie etwa 4 Esslöffel der Petersilie gemeinsam mit der Knoblauch-Zwiebel-Mischung zu dem gehackten Hühnchen hinzu. Salzen und gut miteinander vermischen. Für ca. 60 Minuten zurück in den Kühlschrank legen.

8 Sobald die Suppe fertig ist, alles durch ein Sieb geben. Die Suppe auffangen und die gesiebten Zutaten zur Resteverwertung geben.

9 Karotte und Sellerie mit einem Messer fein hacken. Putzen Sie die Champignons und schneiden Sie die Pilze in feine Scheiben.

10 1 Teelöffel Öl in einen großen Topf geben und warten, bis es heiß wird. Den Rest der gehackten Zwiebeln gemeinsam mit Sellerie, Karotte und Knoblauch in das heiße Öl geben und für etwa 4 Minuten anschwitzen. Mit dem Einweichwasser der Steinpilze ablöschen und alles für etwa 3 Minuten köcheln lassen, bis das Wasser verdunstet ist.

11 Nun können Sie die Hühnersuppe und die Champignons hinzugeben. Alles salzen und für 15 bis 20 Minuten bei niedriger Wärmezufuhr köcheln lassen. Geben Sie das gehackte Hühnchen hinzu und lassen Sie es 1 Minute lang mitköcheln. Zum Schluss die Nudeln hinzufügen und alles kochen lassen, bis sie al dente sind.
Mit Petersilie garnieren und genießen.

Tipp: Hühnchen-Nudel-Suppe wird am besten heiß serviert und gilt in Amerika als *das* Essen, um bei einer Erkältung wieder gesund zu werden.

CHICKEN AND MATZO BALL SOUP |

HÜHNCHEN UND MATZEKUGEL-SUPPE

8 Port. 1 Tag Mittel

Zutaten

Für die Suppe:

1 Hühnchen, ohne Innereien, ganz oder in Stücke geschnitten (ca. 2 kg)
3 Zwiebeln (mittelgroß, gelb), geschält und geviertelt
3 Rüben
6 Karotten
5 Stangen Staudensellerie (mit Grün)
2 Lorbeerblätter
10 Zweige Petersilie
¼ TL Staudenselleriesamen
6 L Wasser
Salz, Weißer Pfeffer
2 EL Hühnerbrühpulver (vorzugsweise koscher)

Für die Matzebällchen:

130 g Matzemehl
1 TL Backpulver (alternativ: 60 ml Sprudelwasser)
¼ TL Meersalz, Knoblauchpulver, ZwiebelpulverPfeffer, weiß
4 Eier (Größe L)

1 Zunächst Zwiebeln und Rüben schälen und vierteln. Die Karotten nach Belieben auch schälen und grob hacken. Sellerie samt Grün waschen, trocknen und grob schneiden.

2 Hühnchen mit Zwiebeln, Rüben, Karotten und Sellerie in einen großen Topf geben. Mit 6 Liter Wasser auffüllen und Suppe zum Kochen bringen. Für 20 Minuten mit zugedecktem Deckel köcheln lassen. Falls sich Schaum bildet, schöpfen Sie diesen mit einer Schaumkelle ab.

3 Reduzieren Sie die Hitze auf die niedrigste Stufe und fügen Sie Petersilie, Lorbeerblätter, 1 Teelöffel Salz, Selleriesamen und ein wenig weißen Pfeffer hinzu. Für 3 bis 4 Stunden köcheln lassen. Lassen Sie die Suppe auf dem Herd abkühlen, bis der Topf nicht mehr heiß ist, und stellen Sie sie über Nacht in den Kühlschrank.

4 Nehmen Sie den Topf am nächsten Tag aus dem Kühlschrank und schöpfen Sie einen Großteil des Fettes an der Oberfläche der Suppe ab. Hühnerfleisch und Gemüse mit einem Sieb von der Suppe trennen und zur Resteverwertung geben. Die abgeschöpfte Suppe zurück in den Kühlschrank stellen.

5 Für die Matzebällchen Eiweiß vom Eigelb trennen und in eine mittlere Schüssel geben. Das Eigelb in einer kleinen Schüssel mit dem Schmalz mit einer Gabel zügig verrühren. Falls Sie kein Backpulver nehmen, Sprudelwasser einrühren. Geben Sie Matzemehl, Salz, Backpulver, Zwiebel- und Knoblauchpulver sowie weißen Pfeffer in eine mittelgroße Rührschüssel und vermengen Sie alles gründlich. Eigelbmischung zu den trockenen Zutaten hinzufügen und mit Dill und

30 ml geschmolzenes Schmalz (alternativ: Avocadoöl oder Distelöl)
Dill und Petersilie

Zum Servieren:
4 Karotten
Dill und Petersilie

Nährwerte p. P.

212 kcal
12 g Kohlenhydrate
14 g Fett
10 g Eiweiß

Petersilie verrühren. Der Teig darf ruhig etwas grob sein und sollte nicht zu homogen werden. Schlagen Sie nun das Eiweiß mit einem Mixer steif, sodass ein Messerschnitt sichtbar bleibt. Das Eiweiß vorsichtig unter den Teig heben, sodass es gut eingebunden ist, aber nicht erschlafft. Die Mischung für etwa 30 Minuten in den Kühlschrank stellen und ruhen lassen.

6 In der Zwischenzeit einen großen Topf Wasser zum Kochen bringen. Mit trockenen, unbefeuchteten Händen die Mischung nach der Ruhezeit zu etwa walnussgroßen Kugeln formen. Achten Sie dabei darauf, dass Sie den Teig nicht zu sehr kneten, da ihm sonst die Fluffigkeit verloren geht. Die Matzekugeln umsichtig in das kochende Wasser geben und zugedeckt 30 bis 40 Minuten lang köcheln lassen. Achten Sie darauf, dass Sie den Deckel keinesfalls vor Ablauf der 30 Minuten vom Topf nehmen. Sie können testen, ob die Kugeln gar sind, indem Sie eine in zwei Hälften teilen – ist sie in der Mitte dunkler als an den Rändern, ist sie noch nicht fertig. Wenn Mitte und Ränder dieselbe Farbe haben, sind die Kugeln gar.

7 Matzebällchen mit einem Schaumlöffel auf einem großen Teller abkühlen lassen. Bringen Sie nun die Suppe zum Köcheln. Das Hühnerbrühpulver, Salz und Pfeffer hinzugeben. Für eine gut gewürzte Suppe etwa 2 Teelöffel Salz hinzugeben.

8 Karotten schälen und diagonal in dünne Scheiben schneiden. Dill und Petersilie hacken. Karotten gemeinsam mit Matzebällchen zur Suppe geben und nochmals 20 bis 30 Minuten köcheln lassen. Die Matzebällchen sind fertig, wenn sie an der Oberfläche schwimmen. Zum Servieren mit Dill und Petersilie bestreuen.

Tipp: Möchten Sie das Hühnchenfleisch noch weiterverwenden, können Sie es nach etwa 30 Minuten aus dem Topf entfernen und das Brustfleisch vom Hühnchen lösen. Das Fleisch kann so weiter mitgekocht werden, ohne dass es austrocknet.

GAZPACHO NEW YORK STYLE |

GAZPACHO NEW YORKER ART

6 Port.

230 Min.

Leicht

Zutaten

6 Tomaten
2 Peperoni
1 Zwiebel
2 Gurken
2 Zehen Knoblauch
4 Paprikaschoten (rot und gelb)
15 Blätter Basilikum
½ Zitrone
250 ml Gemüsebrühe
250 ml Tomatensaft
300 g Krabben (Tiefsee), gekocht
1 EL Balsamico (weiß)
3 EL Olivenöl (nativ)
1 TL Honig
1 EL Sherry (trocken)
10 Eiswürfel
Salz und Pfeffer

Nährwerte p. P.

290 kcal
30 g Kohlenhydrate
14 g Fett
7 g Eiweiß

1 Gemüsebrühe ansetzen und abkühlen lassen. Tomaten häuten und entkernen. Klein schneiden. Gurken schälen, wenn möglich, entkernen und in kleine Würfel schneiden. Paprikaschoten entkernen und fein hacken.

2 Entkernen Sie die Peperoni und hacken Sie sie fein. Zwiebel schälen und fein hacken. Knoblauchzehen ebenfalls fein hacken. Basilikum waschen, trocken schütteln und fein schneiden. ½ Zitrone pressen und den Saft beiseitestellen.

3 Vermengen Sie das Olivenöl mit dem Sherry, dem Balsamico, dem Honig und dem Zitronensaft zu einer homogenen Masse. Die erkaltete Gemüsebrühe durch ein Sieb dazugießen und Tomatensaft verrühren. Das Ergebnis mit Salz und Pfeffer abschmecken.

4 Geben Sie jeweils die Hälfte von den Gurken-, Paprika- und Tomatenstücken in ein Rührgefäß. Basilikum, Zwiebel, Knoblauch und Peperoni hinzufügen. Alles gemeinsam fein pürieren, bis keine groben Stücke mehr sichtbar sind.

5 Gemeinsam mit den restlichen Gemüsestücken zur Brühmischung dazugeben und gut miteinander vermengen. Die Eiswürfel fein hacken und unter die Gazpacho rühren. Schmecken Sie die Suppe nochmals mit Salz und Pfeffer ab, bevor Sie sie servieren.

6 In Suppenschalen geben und mit gekochten Tiefseekrabben und Basilikumblättern garnieren.

UPSTATE MINESTRONE SOUP |

UPSTATE-MINESTRONE

8 Port.

2 Std.

Leicht

Zutaten

500 g Wurst (italienisch, in Scheiben)
1 EL Olivenöl
2 Zwiebeln
3 Karotten
1 Zehe Knoblauch
1 TL Basilikum (getrocknet)
½ Weißkohl
2 Zucchini (klein)
3 Rinderbrühwürfel
300 ml Wasser
400 g Tomaten
¼ TL Salz
¼ TL Pfeffer
400 g große nördliche Bohnen
Petersilie

Nährwerte p. P.

236 kcal
16 g Kohlenhydrate
14 g Fett
12 g Eiweiß

1 Zwiebeln schälen und fein hacken. Karotten schälen und in dünne Scheiben schneiden. Kohl hacken. Hacken Sie den Knoblauch klein und geben Sie ihn zu den Zwiebeln. Zucchini waschen und in Scheiben schneiden.

2 Rinderbrühe ansetzen, indem 300 ml Wasser zum Kochen gebracht werden. 3 Rinderbrühwürfel hineingeben und Hitze reduzieren. Vom Herd nehmen und beiseitestellen.

3 Unterdessen Tomaten waschen und in Würfel schneiden. Bohnen mit kaltem Wasser abspülen und sieben. Petersilie fein hacken.

4 In einem großen Topf Öl erhitzen. Wurst darin kurz anbraten. Zwiebeln, Knoblauch, Karotten und Basilikum hinzufügen. Insgesamt 5 Minuten auf mittlerer Stufe anbraten.

5 Zucchini, Tomaten, Kohl und Brühe hinzufügen, dann alles gründlich salzen und pfeffern. Sobald die Brühe kocht, Hitze reduzieren und zudecken. Für etwa 1 Stunde köcheln lassen, dann die Bohnen hinzufügen.

6 Weitere 20 Minuten köcheln lassen. Mit Petersilie garnieren.

SPRING ONION SOUP |

FRÜHLINGSZWIEBEL-SUPPE

4 Port.

35 Min.

Leicht

Zutaten

500 g Frühlingszwiebeln mit Grünzeug
2 EL Olivenöl (kalt gepresst)
½ TL Meersalz, plus mehr zum Abschmecken
Pfeffer (weiß)
1 Kartoffel, in ¼-Zoll-Stücke geschnitten (1 gehäufte Tasse)
120 ml Weißwein
1 L Gemüsebrühe, natriumarm
Junges Blattgemüse (zum Beispiel Grünkohl und Rucola)
100 g Parmesan (gehobelt)
Schnittlauch nach Belieben

Nährwerte p. P.

281 kcal
35 g Kohlenhydrate
15 g Fett
7 g Eiweiß

1 Kartoffel schälen und in große Stücke schneiden. 1 Frühlingszwiebel für die Garnitur beiseitelegen. Schnittlauch hacken.

2 Den Ofen auf 200 °C (Umluft) vorheizen. Den Wurzelansatz der Frühlingszwiebeln abschneiden, den Kern unversehrt lassen. Auf einem Gitterrost anrichten und auf die oberste Schiene im Ofen legen. Für etwa 10 Minuten im Ofen rösten. Die Ränder sollten schon anfangen zu verkohlen, die Zwiebel sollte zart sein und noch Biss haben.

3 Unterdessen in einem großen Suppentopf Olivenöl auf mittlerer Stufe erhitzen. Kartoffeln, Meersalz und Pfeffer hinzufügen. Kartoffeln etwa 7 bis 10 Minuten anbraten, bis sie knusprig sind. Mit Weißwein ablöschen. Füllen Sie den Topf mit Brühe und bringen alles zum Kochen. Hitze reduzieren und mit Salz und Pfeffer abschmecken.

4 Suppe vom Herd nehmen. Zwiebeln und Suppengrün zur Brühe hinzufügen und alles nach und nach zu einer glatten Masse pürieren.

5 Erhitzen Sie die Suppe erneut auf mittlerer Stufe, bis sie zu dampfen beginnt. Frühlingszwiebel für die Garnitur fein hacken. Gemeinsam mit gehobeltem Parmesan und weißem Pfeffer auf die Suppe geben und alles heiß servieren. Mit Schnittlauch garnieren.

Tipp: Wenn Sie im letzten Schritt die Suppe besonders langsam erhitzen, bleibt die schöne smaragdgrüne Farbe am besten erhalten.

STATEN ISLAND WHITE BEAN SOUP |

WEIßE BOHNENSUPPE AUS STATEN ISLAND

4 Port.

40 Min.

Leicht

Zutaten

2 EL Olivenöl (nativ extra)
2 Zwiebeln
2 - 4 Karotten
2 Stangen Staudensellerie
4 Zehen Knoblauch
Frische Pilze nach Bedarf
250 g Tomaten
500 g Cannellini Bohnen
Wasserkastanien nach Bedarf
Dill
1 L Gemüsebrühe
250 g Babyspinat
50 g Romanokäse, gehobelt
1 TL Salz
½ TL schwarzer gemahlener Pfeffer
Knoblauchpulver

Nährwerte p. P.

301 kcal
67 g Kohlenhydrate
3 g Fett
18 g Eiweiß

1 Zwiebeln schälen und gemeinsam mit Knoblauchzehen fein hacken. Karotten schälen und in kleine Stücke schneiden. Sellerie putzen und in dünne Scheiben schneiden.Pilze in Scheiben schneiden.

2 Tomaten klein schneiden und in einer Schale mit einer Gabel zerdrücken. Die Bohnen kalt abspülen und abgießen. Geben Sie die Hälfte der Bohnen in eine Schale und einen kleinen Teil der Brühe sowie etwas Knoblauch hinzu. Alles zusammen mit einem Stabmixer pürieren. Bohnen-Püree beiseitestellen.

3 Einen Topf bei mittlerer Hitze ansetzen und Olivenöl dazugeben. Sobald das Öl heiß ist, Zwiebeln, Sellerie und Karotten hinzugeben. Wenige Minuten anschwitzen, dann Knoblauch, Pfeffer, Salz und ein wenig Knoblauchpulver dazugeben. Alles gut verrühren und für 5 Minuten anbraten. Dill zum Abschmecken hinzufügen.

4 Gießen Sie die Brühe vorsichtig zu den Zwiebeln hinzu. Bohnen, Pilze und Wasserkastanien ebenfalls hinzufügen. Alles abdecken und Hitze auf niedrigste Stufe senken. Für etwa 15 Minuten köcheln lassen.

5 Das Bohnen-Püree gemeinsam mit dem Babyspinat beigeben und alles für 10 Minuten köcheln lassen. Dann die Suppe vom Herd nehmen und den Romanokäse nach 2 Minuten Ruhezeit unterheben.

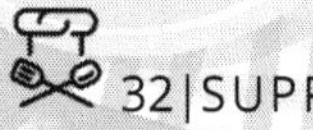

Main courses with meat

Hauptspeisen mit Fleisch

NEW YORK STRIP STEAK

4 Port.

1 Std.

Leicht

Zutaten

2 Stück Strip Steaks (marmoriertes Stück vom Roastbeef)
1 EL Öl
1 EL Butter, plus etwas mehr zum Garnieren
1 Zehe Knoblauch
2 Zweige Rosmarin
Meersalz, Pfeffer

Nährwerte p. P.

108 kcal
1 g Kohlenhydrate
11 g Fett
0 g Eiweiß

1 Die Steaks etwa 30 Minuten vor Zubereitung aus dem Kühlschrank nehmen. Von beiden Seiten mit Salz einreiben und auf einen Teller geben. Steaks sollen am besten eine Weile bei Raumtemperatur liegen, bevor sie gebraten werden, da sich dadurch die Spannungen beim Fleisch verringern.

2 Pfanne auf höchster Stufe erhitzen. Öl zum Anbraten hineingeben, sodass die Pfanne komplett benetzt ist.

3 Steaks in die heiße Pfanne geben und für 3 Minuten von jeder Seite scharf anbraten. Unterdessen Knoblauch schälen und etwas zerquetschen. Temperatur der Pfanne auf mittlere Stufe herunterstellen und Butter, Rosmarin sowie die zerdrückten Knoblauchzehen zum Steak in die Pfanne geben. Pfeffern.

4 Für etwa 1 bis 2 Minuten mit den Gewürzen anbraten. Das zerlassene Fett in der Pfanne mit einem Löffel immer wieder über das Steak gießen.

5 Zum Anrichten jeweils 1 Löffel geschmolzene Butter auf einen Teller geben und die Steaks auf diese legen. Bedecken Sie das Steak mit Aluminiumfolie und lassen Sie alles für 10 Minuten stehen, bevor Sie das Steak genießen.

Tipp: Zum Strip Steak eignen sich vor allem Beilagen aus Kartoffeln, wie beispielsweise der New-York-Deli-Kartoffelsalat.

CORNED BEEF WITH CABBAGE |

CORNED BEEF MIT WEIßKOHL

12 Port.

3 Std.
10 Min.

Schwer

Zutaten

1 Rinderbrust (ca. 1 - 3 kg, Corned Beef Brisket)
2 Lorbeerblätter, getrocknet
1 TL Pfefferkörner
1 Weißkohl, frisch
12 mittelgroße rote Kartoffeln
500 g Karotten
1 Strauß Petersilie, frisch
200 g Butter
1 Zehe Knoblauch
1 Zwiebel
1 Flasche Bier (optional)
Salz und Pfeffer

Nährwerte p. P.

882 kcal
50 g Kohlenhydrate
42 g Fett
71 g Eiweiß

1 Geben Sie die Rinderbrust in einen großen Topf. Mit Pfefferkörnern und Lorbeerblättern bestreuen. Gründlich salzen. Alles großzügig mit Wasser bedecken. Wenn Sie mögen, können Sie auch Bier hinzufügen – dadurch wird das Fleisch besonders zart. Alles zum Kochen bringen und dann auf niedrige Stufe zugedeckt für 2 Stunden köcheln lassen.

2 In der Zwischenzeit Kartoffeln abspülen und gründlich schrubben. Die Schale sollte nicht entfernt werden, wohl aber alle schlechten Stellen und Augen. Kartoffeln vierteln und in eine Schale geben. Mit kaltem Wasser bedecken. Entfernen Sie die äußeren Blätter des Kohls und spülen Sie alles ab. Durch den Strunk vierteln, sodass die Blätter zusammenbleiben. Karotten schälen und vierteln. Zwiebel schälen und in Achtel schneiden. Die Petersilie waschen und ihre Spitzen fein hacken.

3 Sobald 2 Stunden Kochzeit vergangen sind, die Kartoffeln auf die Rinderbrust legen und mit Wasser aufgießen, sodass alles bedeckt ist. Auf höchster Stufe alles aufkochen und dann die Hitze reduzieren. Für weitere 10 Minuten köcheln. Salzen und pfeffern.

4 Geben Sie Kohl, Zwiebel und Karotte hinzu und gießen Sie nochmals mit Wasser auf. Alles zum Kochen bringen, abdecken und für 20 Minuten auf niedriger Stufe köcheln lassen, bis der Kohl weich ist. Nochmals mit Salz und Pfeffer abschmecken.

5 Knoblauchzehe in einer großen Schüssel zerdrücken und ihre Innenseite damit einreiben. Kartoffeln mit einem Schöpflöffel aus dem Topf heben und in die Schüssel geben. Butter und Petersilie hinzufügen.

6 Rühren Sie die Kartoffeln um, bis die Butter geschmolzen ist. Mit einem Mixer oder einem Stabmixer pürieren. Schneiden Sie die Rinderbrust quer zur Faser in Scheiben und servieren Sie das Fleisch heiß mit dem Püree und dem Kohl.

MANHATTAN MEATBALLS |

FLEISCHKLÖßCHEN MANHATTANER ART

4 Port.

50 Min.

Mittel

Zutaten

1 Scheibe Brot, dick (z. B. Roggenmischbrot)
Etwas Milch
650 g Hackfleisch (vom Kalb)
4 Zehen Knoblauch
3 EL geriebener Parmesankäse
1 Strauß Petersilie
1 EL Zitronenschale (gerieben)
1 Ei (Größe L)
3 EL Olivenöl
Etwas Mehl (glatt)
800 g Tomaten
Salz und Pfeffer

Nährwerte p. P.

613 kcal
7 g Kohlenhydrate
53 g Fett
27 g Eiweiß

1 Knoblauchzehen fein hacken. Petersilie hacken. Etwa 2 Esslöffel gehackte Petersilie in eine Schale geben, den Rest für die Garnitur beiseitestellen. Tomaten waschen und hacken. In eine Schale geben, dabei nicht den Fruchtsaft verlieren. Ei verquirlen. Brechen Sie das Brot in Stücke und weichen Sie es in ein wenig Milch ein. Danach trocken tupfen und in eine große Schüssel bröseln. Geben Sie die gehackten Knoblauchzehen, die 2 Esslöffel Petersilie, Zitronenschale, Parmesan und das verquirlte Ei hinzu. Hackfleisch ebenfalls zur Mischung hinzufügen und alles gut vermischen. Mit Salz und Pfeffer gründlich würzen.

2 Den Ofen auf 200 °C (Umluft) vorheizen. Formen Sie die Mischung zu Kugeln in Golfballgröße. Im Mehl wälzen und das überschüssige Mehl abschütteln.

3 In einer Pfanne Olivenöl auf mittlerer Stufe erhitzen. Fleischbällchen hinzufügen und braten, bis sie gut goldbraun sind. Dabei wenden, damit alle Seiten gleichmäßig durchbraten. Auf Küchenpapier abtropfen lassen. Geben Sie die gehackten Tomaten mit den ganzen Knoblauchzehen in die Pfanne. Alles zum Kochen bringen. Die Hitze auf niedrige Stufe reduzieren und für 5 Minuten köcheln lassen. Wenn die Pfanne ofenfest ist, Fleischbällchen zurück in die Pfanne geben und die gesamte Pfanne in den Ofen geben. Ansonsten in eine ofenfeste Form geben und alles in den Ofen schieben. Für 20 Minuten im Ofen durchgaren. Zum Servieren die Knoblauchzehen entfernen und alles mit gehackter Petersilie bestreuen. Knusprig getoastetes Brot eignet sich hervorragend als Beilage.

NEW YORK CITY HAMBURGER WITH CAESAR SALAD |

HAMBURGER NEW YORK STYLE MIT CAESAR-SALAT

4 Port.

1 Std. 5 Min.

Mittel

Zutaten

Für den Caesar Salad:
1 Kopf Römersalat
4 Scheiben altes Brot (z. B. Ciabatta)
4 EL Olivenöl
6 Scheiben Speck
Etwas Parmesan (grob gerieben)
Knoblauchpulver, Salz, Pfeffer

Für das Dressing:
1 Ei
1 TL Senf
1 EL Zitronensaft
1 TL Worcestersoße
80 ml Pflanzenöl
2 Zehen Knoblauch
1 TL Akazienhonig
3 EL geriebener Parmesan

1 Heizen Sie den Backofen auf 220 °C vor. Legen Sie ein Backblech mit Backpapier aus.

2 Für den Caesar Salad das Eigelb vom Eiweiß trennen. Knoblauchzehen pressen. Eigelb, Senf und Zitronensaft in einer Schüssel mit dem Mixer verrühren. Rühren Sie schubweise Öl hinunter, bis die Masse dickflüssig wird. Worcestersoße, Honig, Knoblauch und Parmesan hinzufügen und unterheben.

3 Brot in kleine Stücke schneiden. Mischen Sie in einer Schüssel die Brotstücke mit dem Olivenöl. Alles gut mit Salz, Pfeffer und Knoblauch würzen. Verteilen Sie die Brotstücke auf einem Backblech und lassen Sie sie bei 220 °C für ca. 10 Minuten goldbraun anrösten.

4 Unterdessen den Speck in eine Pfanne ohne Öl geben. Kurz auf höchster Stufe anbraten und beiseitestellen. Waschen Sie den Salat gründlich und lassen Sie ihn in einem Sieb abtropfen. Alles in kleine Stücke schneiden. Croûtons aus dem Ofen entfernen und alles für später beiseitestellen. Den Ofen auf 180 °C herunterdrehen. Waschen Sie die Kartoffeln und schneiden Sie sie in gleich große Stücke. Am besten eignen sich kleine Kartoffeln, die geviertelt oder halbiert werden. Geben Sie das Olivenöl über die Kartoffeln und salzen und pfeffern Sie alles gründlich. 1 Knoblauchzehe andrücken und dazugeben.

Für die Burger-Pattys:
1 Ei
600 g Hackfleisch (vom Rind)
Salz, Pfeffer, Paprika edelsüß
Sonnenblumenöl

Für den Belag:
1 Essiggurke
1 Zwiebel (rot)
Etwas Puderzucker
4 Blätter Römersalat
4 Scheiben Käse (Cheddar)
BBQ-Soße
4 Burger-Brötchen (Buns)

Für die Rosmarin-Kartoffeln:
2 Zweige Rosmarin
1 kg Kartoffeln, festkochend
Olivenöl
2 Zehen Knoblauch
Salz, Pfeffer

Nährwerte p. P.

838 kcal
14 g Kohlenhydrate
11 g Fett
10 g Eiweiß

5 Backen Sie die Kartoffeln für 45 Minuten im Ofen und wenden Sie zwischendurch alles. Während der Backzeit die Rosmarinzweige hinzufügen.

6 In der Zwischenzeit für den Burgerbelag die Zwiebel schälen und in Ringe schneiden. Essiggurke in Scheiben schneiden. Spülen Sie den Salat und legen Sie die Blätter auf die Seite. Sobald das Hackfleisch aus dem Kühlschrank ist, umgehend verarbeiten. So bleibt das Fett im Fleisch kompakt und wird saftiger. Gemeinsam mit Ei in eine Schüssel geben und alles mit Salz, Pfeffer und Paprika würzen. Gründlich vermengen.

7 In vier gleich große Teile teilen. Mit der Hand Burger-Pattys formen, die nicht viel größer sind als die Burger-Buns selbst. Erhitzen Sie eine Bratpfanne und geben Sie etwas Sonnenblumenöl hinein. Die Burger bei mittlerer Stufe von beiden Seiten gut durchbraten. Jede Seite sollte dabei für ca. 3 bis 5 Minuten braten. Sobald die Kartoffeln fertig sind, herausnehmen und etwas abkühlen lassen. Burger-Pattys in den heißen Ofen legen und etwas anrösten, damit sie nicht so viel Soße verlieren. Pattys mit Käse belegen und aus dem Ofen holen.

8 Geben Sie die Zwiebelringe in die Bratpfanne und bestreuen Sie diese mit etwas Puderzucker . Kurz schwenken und karamellisieren lassen. Burger belegen und die Kartoffelspalten auf einer Platte anrichten. Mit Salz und Pfeffer abschmecken und wahlweise einen Klecks BBQ-Soße dazu geben. Für den Caesar Salad die Salatblätter mit dem Dressing mischen und alles mit Parmesan, Croûtons und gebratenem Speck garnieren.

ORIGINAL BUFFALO WINGS

2 Port. 35 Min. Leicht

Zutaten

12 Hähnchenflügel
350 ml Red Hot Sauce
100 g Butter
½ Zitrone
Schwarzer Pfeffer
Mehl (zum Bestreuen)
Cayennepfeffer
Tabasco-Soße für zusätzliche Schärfe
1 TL Oregano (gemahlen)
½ TL Basilikum (gemahlen)
¼ TL Thymian (gemahlen)
1 TL Knoblauchpulver (gemahlen)
1 TL Zwiebelpulver (gemahlen)
½ TL Selleriesalz
Pflanzenöl

Nährwerte p. P.

476 kcal
3 g Kohlenhydrate
22 g Fett
63 g Eiweiß

1 Zitrone pressen. Oregano, Basilikum, Cayennepfeffer, Thymian, Knoblauchpulver und Zwiebelpulver mit Selleriesalz vermischen.

2 Dem Mehl ein wenig von der Gewürzmischung, Salz und Pfeffer hinzufügen und Flügel damit gründlich bedecken.

3 Pflanzenöl in einer Pfanne auf höchster Stufe erhitzen. Die Pfanne sollte mit einer dicken Schicht Öl bedeckt sein.

4 Hühnchenflügel von beiden Seiten etwa 5 Minuten lang gut frittieren. Auf einem Drahtgitter oder einem mit Küchenpapier bedeckten Teller abtropfen lassen.

5 Schmelzen Sie Butter in der Pfanne auf niedrigster Stufe. Red Hot Sauce, Zitronensaft und Gewürzmischung hinzufügen und Hitze erhöhen. Alles gründlich umrühren. Achten Sie darauf, dass die Mischung nicht zu heiß wird – sie soll nicht kochen, sondern nur etwas eindicken.

6 Geben Sie die Flügel in eine große Schale und übergießen Sie sie mit der Soße. Alles gründlich miteinander vermengen, sodass die Flügel gut bedeckt sind.

7 Mit Tabasco-Soße servieren.

BEEF FAJITAS |

RINDFLEISCH-FAJITAS

4 Port.

4 Std. 35 Min.

Mittel

Zutaten

60 ml Olivenöl
1 Limette, mittelgroß
1 Zweig Koriander
1 Zwiebel
3 Zehen Knoblauch
1 ½ TL Kreuzkümmel (gemahlen)
1 TL Salz
1 TL schwarzer Pfeffer
2 New York Strip Steaks ohne Knochen
8 weiße Maistortillas
250 g Käse, gerieben
Pfeffer zum bestreuen

Für die Salsa:
5 Tomaten
1 Paprika
1 Chilischote
1 Zitrone
1 EL Zucker
3 Zwiebeln
Salz

Nährwerte p. P.

699 kcal
31 g Kohlenhydrate
42 g Fett
50 g Eiweiß

1 Limette pressen, Saft beiseitestellen. Koriander fein hacken. Zwiebel schälen und in kleine Stücke schneiden. Knoblauchzehen pressen.

2 Steaks in dünne Streifen schneiden. Verquirlen Sie das Öl mit dem Limettensaft, Koriander, Zwiebeln, Kreuzkümmel und Knoblauch in einer mittelgroßen Schüssel. Salz und Pfeffer hinzufügen und nochmals gut durchrühren. In eine Dose oder einen wiederverschließbaren Plastikbeutel geben. Geben Sie die Steakstreifen zur Marinade und lassen Sie das Fleisch luftdicht verschlossen für 4 bis 8 Stunden im Kühlschrank marinieren.

3 Eine große Pfanne auf mittlerer Stufe erhitzen. Geben Sie das Steak mit der Marinade hinein und braten Sie es unter ständigem Rühren an. Das Steak sollte durchgebraten sein und die gesamte Flüssigkeit aufgesogen haben. Dies braucht in etwa 15 bis 20 Minuten.

4 Unterdessen die Salsa zubereiten, indem Zwiebeln geschält und gehackt werden. Chilischote inklusive Gehäuse fein hacken. Paprika und Tomaten in kleine Stücke schneiden. Alles gründlich miteinander vermengen. Zitrone pressen. Mit Zucker zur Salsa hinzufügen und nach Belieben salzen.

5 Die Tortillas anrichten, indem erst Salsa, dann das marinierte Rind und zum Schluss der gehobelte Käse hineingefüllt wird. Mit Pfeffer nachwürzen und heiß servieren.

BUFFALO CHICKEN SUSHI CUPS | BUFFALO-HÜHNCHEN IN SUSHI-TASSEN

16 Port.

35 Min.

Leicht

Zutaten

4 Nori-Blätter
200 g weißer Reis (Sushi-Reis; ungekocht)
200 g Hühnchenbrustfilet
1 Avocado
2 grüne Zwiebeln
2 Mini-Gurken
2 Mohrrüben
170 ml Büffelsoße
Pfeffer und Salz
Öl

Nährwerte p. P.

79 kcal
9 g Kohlenhydrate
3 g Fett
4 g Eiweiß

1 Das Hähnchen waschen, trocken tupfen und mit Pfeffer und Salz würzen. In einer heißen Pfanne mit Öl von beiden Seiten ca. 2 Minuten lang scharf anbraten. Hitze reduzieren und für weitere 2 bis 4 Minuten durchgaren lassen. Aus der Pfanne nehmen und für später zum Auskühlen beiseitestellen.

2 Den Ofen auf 180 °C (Umluft) vorheizen. Den Reis nach Packungsbeilage zubereiten. Normalerweise wird pro 100 g Reis 100 g Wasser hinzugegeben – dies kann allerdings von Reissorte zu Reissorte unterschiedlich ausfallen.

3 Unterdessen die Nori-Blätter vierteln. Die Blätter sollten ungefähr so groß sein, dass sie die Muffinform komplett ausfüllen. Hähnchen, sobald es etwas ausgekühlt ist, in feine Stücke schneiden oder zupfen.

4 Den Reis mit einem Esslöffel in die Mitte jedes Nori-Blattes geben und fest andrücken. Die Blätter vorsichtig in die Muffinform geben. Hühnchen mit Büffelsoße in jede Form geben. Für etwa 15 Minuten im Ofen backen. Unterdessen Avocado, Zwiebeln, Karotten und Gurken in kleine Stücke schneiden.

5 Sushi-Schalen aus dem Ofen holen und, sobald sie abgekühlt sind, mit den grünen Zutaten garnieren.

CHICKEN RIGGIES |

HÜHNERPASTA

6 Port.

45 Min.

Mittel

Zutaten

60 ml Olivenöl
500 g Rigatoni
1 kg Hähnchenschenkel (ohne Knochen, ohne Haut)
8 Zehen Knoblauch
2 Paprikaschoten (rot)
5 Kirschpaprikaschoten
250 ml Weißwein (trocken)
800 g Pflaumentomaten
250 ml Sahne
120 g geriebener Pecorino Romano-Käse
2 Stängel Basilikum
Salz und Pfeffer

Nährwerte p. P.

806 kcal
75 g Kohlenhydrate
29 g Fett
60 g Eiweiß

1 Paprikaschoten in Scheiben schneiden. Kirschpaprikaschoten hacken, entkernen und entstielen.

2 Schneiden Sie die Pflaumentomaten in mundgerechte Stücke. In eine große Schale geben und mit einer Gabel zerdrücken. Basilikumblätter zerreißen und für später beiseitelegen.

3 Bringen Sie einen großen Topf mit Salzwasser zum Kochen. Verwenden Sie etwa 2 Esslöffel Salz pro Liter Wasser, damit die Nudeln richtig gewürzt werden.

4 Hähnchenschenkel waschen und mit Küchenpapier trocken tupfen. Von beiden Seiten mit Salz und Pfeffer würzen. Erhitzen Sie eine Pfanne auf mittlerer Stufe und braten Sie die Hähnchenschenkel in 2 Esslöffeln Olivenöl scharf von beiden Seiten an. Dann nochmals 4 bis 6 Minuten durchgaren.

5 Das Hähnchen aus der Pfanne entfernen und mit Alufolie abdecken, damit es Wärme und Saft behält.

6 Die Paprikaschoten in die Pfanne geben und falls nötig etwas Olivenöl hinzufügen. 7 bis 10 Minuten braten, sodass sie Farbe annehmen und weich werden. Fügen Sie den Knoblauch hinzu und lassen Sie alles weiterbraten, bis es goldgelb ist.

7 Kirschpaprika in die Pfanne geben und für 1 Minute kochen. Mit Wein ablöschen und die Hitze auf höchste Stufe erhöhen. Nach etwa 3 Minuten sollte sich die Flüssigkeit um etwa die Hälfte reduziert haben.

Falls sich braune Reste in der Pfanne gebildet haben, mit einem Kochlöffel entfernen. In dieser Zeit die Nudeln kochen, bis sie noch nicht ganz al dente sind. Beim Abgießen das Nudelwasser unbedingt auffangen, da es später noch genutzt wird.

8 Fügen Sie die Tomaten zur Pfanne hinzu und reduzieren Sie die Hitze auf die mittlere Stufe. Für etwa 5 Minuten köcheln lassen.

9 Geben Sie die Sahne zur Pfanne und rühren Sie alles gut um, sodass eine dickflüssige Creme entsteht. Das Hähnchen in mundgerechte Stücke schneiden. Fügen Sie das Hühnchen hinzu, sobald die Soße beginnt einzudicken. Alles weiterköcheln lassen. Falls Sie noch auf die Nudeln warten, können Sie die Hitze auch reduzieren und die Pfanne länger köcheln lassen.

10 Geben Sie nun die Nudeln in die Soße und mischen Sie alles gut durch. Wird die Soße zu dick, Nudelwasser hinzufügen, bis sie wieder cremig wird. Alles kochen, bis die Nudeln vollständig al dente sind (etwa 1 Minute).

11 Fügen Sie den Käse hinzu und heben Sie das Basilikum unter, kurz bevor Sie die Nudeln servieren. Sollten die Nudeln vor dem Servieren austrocknen, kann einfach noch einmal Nudelwasser hinzugefügt werden – so wird die Konsistenz wieder perfekt.

Tipp: Wenn Sie Nudeln gerne schärfer essen, können Sie mehr Kirschpaprika verwenden. Wer es lieber etwas milder hat, kann zu süßen Kirschpaprika wechseln.

Main courses with fish

Hauptspeisen mit Fisch

LONG ISLAND LOBSTER ROLLS |

HUMMER-ROLLEN AUS LONG ISLAND

4 Port.

20 Min.

Leicht

Zutaten

750 g Hummerfleisch
100 g Mayonnaise
1 Zitrone
2 Stangen Staudensellerie mit Blättern
1 Stängel frische Petersilie
4 Brioche- oder Hotdog-Brötchen
80 ml geschmolzene Butter zum Einpinseln
Salz und frisch gemahlener Pfeffer zum Abschmecken

Nährwerte p. P.

547 kcal
22 g Kohlenhydrate
43 g Fett
17 g Eiweiß

1 Zitrone pressen. Sellerie fein hacken. Die Butter in einer leicht erhitzten Pfanne schmelzen und beiseitestellen. Petersilie klein hacken und etwas für die Garnitur beiseite geben.

2 Geben Sie den Hummer in einen Topf mit reichlich Salzwasser und lassen Sie ihn für 12 bis 15 Minuten kochen. Hummer aus dem Topf nehmen, abtropfen lassen und in eine Schüssel mit Eiswasser legen. Nun das Fleisch des Hummers entfernen und in kleine Stücke teilen.

3 Hummerfleisch mit Zitronensaft, Sellerie, Petersilie und Mayonnaise vermengen. Mit Salz und Pfeffer abschmecken. Alles vorsichtig durchmischen und für etwa 10 Minuten in den Kühlschrank stellen.

4 Ofen auf 180 °C (Umluft) vorheizen. Die Schnittseite der Brötchen mit der Butter einstreichen und alles für 10 Minuten im Ofen oder auf dem Toaster rösten.

5 Füllen Sie die Brötchen mit dem Hummersalat und garnieren Sie alles mit frischer Petersilie.

Tipp: Das Hummerfleisch kann auch durch Garnelen ersetzt werden. Dazu Garnelen mit Öl bei mittlerer Hitze für 3 Minuten von jeder Seite in einer Pfanne scharf anbraten. In mundgerechte Stücke teilen und alle weiteren Schritte wie im Rezept befolgen.

MANHATTAN CLAM CHOWDER |

MANHATTAN-MUSCHELSUPPE

8 Port.

1 Std.

Leicht

Zutaten

2 Scheiben Speck (kann mit 2 weiteren Esslöffeln nativem Olivenöl extra ersetzt werden)
2 Möhren
2 Stängel Staudensellerie
1 Zwiebel
1 Zehe Knoblauch
½ TL getrockneter Thymian
¼ TL Staudenselleriesamen
2 Lorbeerblätter
350 ml Tomatensaft
450 ml Muschelbrühe oder -saft
300 g Dose Baby-Muscheln, Saft vorbehalten
500 g festkochende Kartoffeln
Etwa 12 kleine lebende Venusmuscheln (z. B. Littlenecks oder Manilamuscheln, ge-säubert)
Tabasco oder andere scharfe Soße nach Geschmack
Salz und frisch gemahlener schwarzer Pfeffer nach Geschmack

Nährwerte p. P.

230 kcal
21 g Kohlenhydrate
5 g Fett
25 g Eiweiß

1 Karotten schälen und in Scheiben schneiden. Schälen Sie die Zwiebel und hacken Sie sie fein. Sellerie in dünne Scheiben schneiden und Knoblauch fein hacken.

2 Tomaten in einer Schale mit einer Gabel zerdrücken. Den Speck braten. Dazu bei mittlerer Hitze den Speck in einer Pfanne ohne Fett braten, bis er knusprig ist. Beiseitestellen.

3 Karotten, Zwiebeln, Knoblauch und Sellerie andünsten. Dazu Pfanne auf hoher Stufe erhitzen und alles für 5 Minuten braten, bis die Zwiebel glasig ist. Gemüse entfernen, bevor es braun wird. Kartoffeln schälen und in mundgerechte Stücke teilen.

4 Geben Sie den gehackten Speck in einen Topf. Thymian, Lorbeerblätter und Selleriesamen dazugeben. Mit Tomatensaft, Muschelbrühe und Saft der Venusmuscheln verrühren und zum Köcheln bringen. Kartoffelstückchen hinzugeben und alles für etwa 30 Minuten köcheln lassen, bis die Kartoffeln gar sind.

5 Sobald die Kartoffeln weich sind, Dosenmuscheln und lebende Muscheln in Schale hinzufügen. Decken Sie den Topf ab und lassen Sie alles für etwa 5 bis 10 Minuten köcheln, bis sich die Muscheln öffnen.

6 Mit scharfer Soße, Pfeffer und Salz abschmecken. Vor dem Servieren die Lorbeerblätter entfernen und in jede Schüssel 1 bis 2 Muscheln legen.

LOBSTER NEWBURG |

NEWBURG-HUMMER

4 Port.

25 Min.

Mittel

Zutaten

4 gefrorene Blätterteigschalen
5 EL Butter
2 EL Mehl
500 ml Kaffeesahne
5 Eier (Größe L, Eigelb)
450 g gekochtes Hummerfleisch
3 EL Cognac
1 Zitrone
¼ TL Muskatnuss
¼ TL koscheres Salz
Etwas Petersilie zum garnieren

Nährwerte p. P.

746 kcal
33 g Kohlenhydrate
53 g Fett
30 g Eiweiß

1 Die Eier trennen. Eigelbe verquirlen und beiseitestellen. Zitrone pressen. Falls das Hummerfleisch noch nicht zerteilt ist, dieses in kleine Stücke schneiden oder reißen. Vorgekochtes Hummerfleisch gibt es auf dem Fischmarkt oder in einem Fischgeschäft zu kaufen. Alternativ können Sie auch einen frischen oder tiefgekühlten Hummerschwanz frisch zubereiten.

2 Blätterteigschalen nach Packungsanweisung backen und beiseitestellen. Schmelzen Sie die Butter in einem großen Topf bei mittlerer Hitze. Mehl einrühren und für 3 Minuten goldbraun rösten, sodass die Konsistenz in etwa der von nassem Sand gleicht. Rühren Sie nun mit einem Schneebesen langsam die Kaffeesahne in das Buttergemisch, bis die Masse anfängt einzudicken. Achten Sie darauf, dass Sie nur geringe Hitze zuführen, denn die Masse soll nicht kochen.

3 Geben Sie in einem separaten Behältnis etwas Mischung zu den Eigelben, damit die Eier temperieren. Nun die Ei-Mischung langsam zur Butter-Sahnemischung dazugeben und alles auf niedriger Hitze gründlich miteinander verrühren. Zitronensaft, Cognac, Muskatnuss und Salz unterrühren. Zuletzt das Hummerfleisch einrühren, bis alles schön miteinander vermengt ist. Zum Servieren die Hummer-Mischung in die Blätterteigschalen gießen. Mit Petersilie garnieren und genießen!

SEAFOOD PASTA |

MEERESFRÜCHTE-PASTA

4 Port.

20 Min.

Leicht

Zutaten

450 g Linguine
300 g Felsenfisch
3 EL Olivenöl
3 Zehen Knoblauch
500 g halbierte Kirschtomaten
200 g entsteinte Kalamata-Oliven
½ Bund Petersilie
200 g zerkrümelter Feta
1 Zitrone
Frisch gemahlener schwarzer Pfeffer zum Abschmecken
Koscheres Salz nach Geschmack

Nährwerte p. P.

417 kcal
45 g Kohlenhydrate
16 g Fett
23 g Eiweiß

1 Fisch in zwei Stücke teilen. Knoblauchzehen in dünne Scheiben schneiden. Halbieren Sie die Kirschtomaten und hacken Sie die Petersilie fein. Zitrone pressen und Schale in kleine Stücke teilen.

2 Einen großen Topf Wasser zum Kochen bringen. Stark salzen, Nudeln hinzufügen und nach Packungsanweisung bissfest kochen. Über einem Sieb abtropfen lassen und Nudelwasser in einer Schale aufbewahren.

3 Tupfen Sie den Fisch mit Papiertüchern trocken und würzen Sie ihn von beiden Seiten mit Salz und Pfeffer. Geben Sie 2 Esslöffel Olivenöl in eine Pfanne und erhitzen Sie es auf höchster Stufe. Fisch hineingeben, sobald das Olivenöl zu glänzen beginnt, und für 2 Minuten goldbraun braten. Dabei häufig bewegen, damit er schön geölt bleibt. Wenden und nochmals 2 Minuten braten, bis er durchgebraten ist.

4 Geben Sie den Fisch auf einen Teller und zerteilen Sie ihn mit einer Gabel in große Stücke. In derselben Pfanne das restliche Olivenöl erhitzen. Knoblauch hinzufügen und alles für etwa 1 Minute kochen. Geben Sie die Nudeln, die Tomaten, die Oliven und etwa 60 ml des Nudelwassers hinzu. Alles für etwa 1 Minute durchschwenken, bis die Nudeln zu glänzen beginnen.

5 Nehmen Sie die Pfanne vom Herd und geben Sie nun den Fisch, die Petersilie, Zitronenschale und -saft sowie Fetakäse hinzu. Nochmals durchschwenken und heiß servieren.

Tipp: Etwas geraspelte Zucchini, Minze und Dill ergeben eine interessante und geschmackvolle Version dieses leckeren Gerichts.

NEW YORK SUSHI ROLLS |

NEW-YORK-SUSHI

2 Port. 1 Std. Schwer

Zutaten

1 Salatgurke
1 Avocado
170 g weiße Garnelen (vorzugsweise mit Schale)
475 ml Kurzkornreis oder Sushi-Reis
10 Halbe Nori-Blätter
Bambus-Spieße
Eisbad (Schale mit Eis und kaltem Wasser)
Sesamkörner
1 Zitrone
Paprikapulver
Eingelegter Ingwer (Beilage)
Wasabipaste
Pikante Mayo oder andere Dip-Soße

Nährwerte p. P.

981 kcal
31 g Kohlenhydrate
45 g Fett
81 g Eiweiß

1 Den Reis nach Packungsbeilage zubereiten. Damit die Garnelen auch beim Kochen gerade bleiben, werden sie noch in der Schale aufgespießt. Die Bambusspieße dazu ein paar Minuten in lauwarmem Wasser vorweichen, damit sie sich später besser von den Garnelen lösen lassen.

2 Zum Auffädeln Garnele mit Daumen und Fingern aufrichten und mit der anderen Hand den Spieß von Schwanz bis Kopf durchfädeln. Mit allen Garnelen wiederholen.

3 Wasser in einem Topf erhitzen. Unterdessen ein Eisbad erstellen. Dazu eine Schüssel mit kaltem Wasser auffüllen und ein paar Eiswürfel hinzugeben. Beiseitestellen. Zitrone teilen, pressen und die Schale in kleine Stücke schneiden.

4 Aufgespießte Garnele mit Zitronensaft, Zitronenschale, Paprika und etwas Salz im sprudelnden Wasser für 2 bis 3 Minuten kochen lassen. Nach dem Herausnehmen die Garnele sofort in das Eisbad legen. Das Eisbad sorgt dafür, dass der Garprozess gestoppt wird. So werden die Garnelen nicht gummiartig, sondern bleiben knackig.

5 Wenn die Garnelen kalt sind, die Spieße entfernen. Dazu die Garnele mit einer Hand festhalten und den Spieß mit der anderen entfernen. Falls Sie Garnelen mit Schale gekocht haben, Garnelen schälen und entdarmen. Dazu mit einem kleinen und scharfen Messer einen flachen Schnitt am Garnelenrücken anbringen.

6 Beide Seiten abziehen. Nach einer dunklen Ader suchen. Bei dieser Ader handelt es sich um Garnelenkot, der aus hygienischen Gründen entfernt werden muss. Mit einem Finger wegwischen oder abspülen.

7 Gurke schälen und schneiden. Avocado entkernen und in kleine Scheiben schneiden. Nori-Blatt ausbreiten. Ein wenig Reis auf der Hälfte des Blattes ausbreiten.

8 Streuen Sie ein paar Sesamkörner über den Reis. Das Blatt wird nun umgedreht, sodass die unbedeckte Seite der Alge nach oben zeigt. Etwa 2 Garnelen in die Mitte des Blattes legen. Avocado- und Gurkenstücke hinzufügen.

9 Alles vorsichtig aufrollen. Mit etwas Wasser verschließen. Jede Rolle in etwa 8 Stücke schneiden. Scharfe Mayo, Ingwer und Wasabi als Garnitur dazulegen.

FRIED FISH NEW YORK STYLE |

GEBACKENER FISCH NEW YORKER ART

4 Port.

45 Min.

Mittel

Zutaten

4 Filets Steinbutt, Seezunge oder Flunder
150 g Tasse weißes Reismehl, plus mehr zum Bestäuben
2 ½ L Pflanzenöl (zum Frittieren)
150 g Allzweckmehl
1 TL Backpulver
300 ml Wodka
300 ml Lagerbier
Salz und schwarzer Pfeffer

Nährwerte p. P.

400 kcal
21 g Kohlenhydrate
22 g Fett
17 g Eiweiß

1 Spülen Sie die Fischfilets ab und trocknen Sie sie mit Papiertüchern. Salzen und pfeffern und alles mit Reismehl bestäuben. Überschüssiges Mehl abschütteln und Fischfilets beiseitelegen.

2 Eine Pfanne auf mittlerer Stufe erhitzen. Füllen Sie so viel Öl ein, um einen etwa 3 cm hohen Ölteppich in der Pfanne zu erzeugen.

3 Öl erhitzen. Das Öl sollte ungefähr eine Temperatur von 180 °C bis 200 °C erreichen.

4 Vermischen Sie in einer Schüssel Mehl, Reismehl, Backpulver und Salz. Wodka und Bier langsam unterrühren, sodass ein Teig entsteht. Der Teig soll unmittelbar vor dem Frittieren zubereitet werden, da sonst die Bläschen des Biers verloren gehen.

5 Fischfilet in den Teig geben und vollständig bedecken. Sofort in die Pfanne geben und knusprig frittieren. Wiederholen Sie diesen Vorgang mit allen Filets und gießen Sie notfalls Öl nach. Die Unterseite des Filets ist in der Regel nach etwa 2 Minuten goldbraun. Das Filet kann zu diesem Zeitpunkt gewendet und von der anderen Seite durchgebraten werden.

6 Auf Küchenpapier abtrocknen und servieren.

Tipp: Schmeckt besonders gut mit Pommes oder Rosmarinkartoffeln.

Vegetarian main courses

Vegetarische Hauptspeisen

MAC'N'CHEESE |

MAKKARONI & KÄSEAUFLAUF

8 Port.

1 Std. 15 Min.

Leicht

Zutaten

3 EL Butter
250 g Hüttenkäse (nicht entrahmt)
500 ml Milch (nicht entrahmt)
1 TL trockener Senf
450 g Cheddar-Käse, gerieben (scharf)
250 g trockene Nudeln
½ TL Salz
¼ TL Pfeffer (schwarz)
1 Prise Cayennepfeffer
1 Msp. Muskatnuss

Nährwerte p. P.

364 kcal
27 g Kohlenhydrate
18 g Fett
22 g Eiweiß

1 Den Ofen auf 175 °C (Umluft) vorheizen. Ein Backblech in das obere Drittel des Ofens schieben. Eine Auflaufform mit Butter einfetten, sodass sie ganz bedeckt ist.

2 Pürieren Sie den Hüttenkäse, die Milch, Senf, Muskatnuss, Pfeffer, Salz und Cayennepfeffer mit einem Stabmixer.

3 Ein Achtel des Cheddar für den Belag beiseitelegen. Den übrigen Käse in einer großen Schüssel mit dem Milch-Käse-Mix und den ungekochten Nudeln vermischen. Alles kräftig umrühren, sodass es gut vermixt ist. Geben Sie das Gemisch in die Form und decken Sie diese mit Alufolie ab.

4 Für 30 Minuten in den Ofen geben und backen. Öffnen Sie den Deckel der Backform nach dieser Zeit und rühren Sie die Nudeln einmal vorsichtig um. Den restlichen Cheddar über den Auflauf geben und 2 Esslöffel Butter nutzen, um alles zu bestreichen. Nochmals 30 Minuten backen, bis der Käse goldbraun ist.

5 Vor dem Servieren für etwa 15 Minuten abkühlen lassen.

UTICA TOMATO PIE |

TOMATENKUCHEN AUS UTICA

4 Port.

2 Std.

Schwer

Zutaten

Für den Kuchenteig:
2 TL Trockenhefe
2 EL Zucker
250 ml warmes Wasser
450 g Allzweckmehl, mehr zum Bestäuben
2 TL koscheres Salz
80 ml Olivenöl, kalt gepresst
Maismehl zum Bestäuben des Teigs

Für den Belag:
1 Zwiebel (gelb)
1 EL Olivenöl
6 Zehen Knoblauch
Je 1 EL Oregano und Basilikum (getrocknet)
1 EL Kristallzucker
800 g Tomaten
3 Blätter Basilikum, frisch
250 g geriebener Parmesankäse
1 Stängel frische Petersilie
Pfeffer

Nährwerte p. P.

468 kcal
22 g Kohlenhydrate
35 g Fett
17 g Eiweiß

1 Bestreichen Sie ein halbes Backblech mit Maismehl. Warmes Wasser in eine Schüssel geben und Zucker und Hefe darin auflösen. Vorsichtig umrühren und für 10 Minuten ruhen lassen.

2 Etwa ¾ des Mehls in eine Rührschüssel geben. Eine Mulde in die Mitte drücken. Olivenöl und Salz in die Mulde geben. Hefegemisch hinzugeben. Alles mit einem Holzlöffel verrühren, bis der überwiegende Teil des Mehls gut verarbeitet ist. Der Teig sollte sich langsam von der Schüssel zu lösen beginnen.

3 Etwas Mehl auf der Arbeitsfläche verteilen und den Teig 5 Minuten lang kräftig mit der Hand durchkneten. Zu einer Kugel formen und in eine Schüssel geben. Mit Öl bestreichen und mit einem warmen Trockentuch abdecken. Lassen Sie den Teig für ½ bis 1 Stunde an einem warmen Ort gehen. In dieser Zeit sollte sich seine Größe verdoppelt haben.

4 Drücken Sie den Teig vorsichtig auf das Backblech, sodass er einen dicken Rand bekommt. Nochmals mit Öl bestreichen und 1 Stunde an einem warmen Ort gehen lassen.

5 Zwiebel schälen und würfeln. Tomaten zerteilen und in einer großen Schale zerdrücken. Petersilie hacken.

6 Erhitzen Sie in einer großen Pfanne das Olivenöl auf mittlerer Stufe. Die Zwiebeln in die Pfanne geben und anschwitzen, bis sie glasig sind. Knoblauch hinzufügen und kurz mitbraten. Alle weiteren Gewürze und Zucker hinzugeben.

7 Alles mit den zerdrückten Tomaten aufgießen. Frischen und getrockneten Basilikum hinzugeben und alles kräftig umrühren. Für etwa 30 Minuten bei mittlerer Hitze köcheln lassen. Gelegentlich umrühren.

8 Nehmen Sie die Soße aus der Pfanne und pürieren Sie sie mithilfe eines Stabmixers zu einer glatten Masse. Vollständig auskühlen lassen.

9 Heizen Sie den Ofen auf 200 °C vor. Stechen Sie mit einer Gabel Löcher in den Boden des Teigs. So werden Luftblasen vermieden. Je nachdem, ob Sie ein oder zwei Tomatenkuchen aus Ihrem Teig machen, alles oder nur die Hälfte der Tomatensoße auf dem Teig verteilen. Die Kruste nicht bestreichen. Den Großteil des Parmesans über der Soße verteilen, den Rest für später beiseitelegen.

10 Für 15 Minuten auf mittlerer Schiene backen, bis die Kruste goldbraun ist. Pfeffern mit Petersilie und Parmesan bestreuen und bei Zimmertemperatur servieren.

VEGETARIAN CLUB-SANDWICH |

VEGETARISCHES CLUB-SANDWICH

2 Port.

1 Std.

Leicht

Zutaten

6 Scheiben Vollkorntoast
220 g Paprikaschoten (gelb)
5 Champignons
1 Zucchini (klein)
2 EL Olivenöl
Salz, Pfeffer
2 Tomaten
1 Kästchen Shiso-Kresse
4 Blätter Kopfsalat
1 EL grünes Pesto
75 g Ziegenfrischkäse

Nährwerte p. P.

487 kcal
59 g Kohlenhydrate
31 g Fett
22 g Eiweiß

1 Vierteln Sie die Paprikaschoten und entkernen Sie sie. Die Zucchini halbieren und längs in etwa 6 mm dicke Scheiben schneiden. Erhitzen Sie das Öl in der Pfanne. Die Paprikastücke für etwa 3 Minuten auf höchster Stufe scharf anbraten. Herausnehmen und Zucchini für 2 Minuten ebenso von beiden Seiten scharf anbraten. Jeweils mit Salz und Pfeffer würzen.

2 Putzen Sie die Champignons und entfernen Sie die Stielenden. Die Köpfe in dünne Scheiben teilen. Waschen Sie die Tomaten und schneiden Sie den Stiel heraus. In dicke Scheiben schneiden. Salat waschen und trocknen. Blätter vom Salat zum Belag lösen. Die Kresse schneiden. Verrühren Sie den Ziegenkäse mit dem Pesto, indem Sie beides in eine Schüssel geben. Mit Mixer oder Gabel kräftig pürieren. Je nach Geschmack sehr glatt oder stückig lassen.

3 Die Toastscheiben im Toaster goldbraun rösten. Bestreichen Sie jede Toastscheibe zur Hälfte mit dem Pesto. Zwei Toastscheiben mit Salatblättern garnieren. Verteilen Sie Zucchini und Champignons auf den Salatblättern. Die zwei weiteren Toastscheiben jeweils mit Paprika, Kresse und Tomaten belegen. Diese Toasthälften mit der unbestrichenen Hälfte nach unten auf die mit Salat belegte Toasthälfte hinaufgeben. Ganz oben die restlichen Toastscheiben mit der bestrichenen Hälfte nach unten setzen.

4 Halten Sie die Brote zusammen, indem Sie jeweils zwei Holzspieße durch die Mitte bohren. In Dreieckshälften schneiden und servieren.

Tipp: Statt Ziegenkäse kann auch Frischkäse verwendet werden.

VEGETARIAN MEATBALLS |

VEGETARISCHE FLEISCHKLÖẞCHEN

7 Port.

1 Std. 15 Min.

Leicht

Zutaten

2 Karotten
120 g Champignons
2 grüne Paprika
2 EL Zwiebeln (gelb)
1 Stange Staudensellerie
1 Zehe Knoblauch
2 EL Pflanzenöl
½ EL Petersilie (getrocknet)
½ TL Pfeffer (schwarz)
4 Eier (Größe L)
120 g Matzemehl
1 L Marinara-Soße

Für die Marinara-Soße:
4 Zehen Knoblauch
500 g geschälte Tomaten (Dose)
1 EL Olivenöl (nativ)
Oregano
Salz

Nährwerte p. P.

238 kcal
34 g Kohlenhydrate
10 g Fett
8 g Eiweiß

1 Schälen Sie zunächst die 4 Knoblauchzehen für die Soße. Fein hacken oder pressen. Erhitzen Sie das Öl in einer Pfanne und dünsten Sie den Knoblauch für etwa 1 bis 3 Minuten glasig. Ablöschen mit den Tomaten aus der Dose und alles gut salzen. Nach Belieben Oregano hinzufügen. Decken Sie die Pfanne mit einem großen Deckel ab und reduzieren Sie die Hitze. Für 25 Minuten unter gelegentlichem Umrühren köcheln lassen.

2 Karotten, Sellerie und Champignons putzen und fein hacken. Paprika waschen, trocken tupfen und in feine Scheiben schneiden. Zwiebel und Knoblauch schälen und hacken. Alles zusammen in eine Schüssel geben und gründlich vermischen. In einem großen Topf Öl auf mittlerer Stufe erhitzen. Geben Sie das zerkleinerte Gemüse mit Petersilie und Pfeffer hinzu. Alles für 7 Minuten dünsten, bis es weich ist. Topf vom Herd nehmen und auf Zimmertemperatur abkühlen lassen.

3 3 Eier trennen. Das Eiweiß gemeinsam mit dem 4. Ei für ½ Minute schlagen, bis ein fester Schnee entsteht. Geben Sie die abgekühlte Gemüsemischung zu dem Eisschnee hinzu und vermengen Sie alles vorsichtig und gründlich. Matzemehl langsam hineinsieben, bis sich ein Teig ergibt, aus dem man Kugeln formen kann.

4 Hände befeuchten. Je 1 ½ Esslöffel der Mischung zu einem kleinen Bällchen formen. Soße in einem großen Topf erhitzen und Bällchen hineingeben. Für etwa 30 Minuten bei mittlerer Hitze kochen.

Tipp: Die Bällchen können alternativ auch vor dem Kochen eingefroren und später verwendet oder im Ofen bei 160 °C für 40 Minuten gebacken werden.

NEW YORK PIZZA CRUST |

PIZZA NEW YORK STYLE

2 Port.

26 Std.
10 Min.

Mittel

Zutaten

630 g Allzweckmehl, plus mehr zum Bestäuben
15 g Zucker
10 g koscheres Salz
10 g Trockenhefe
3 EL Olivenöl, nativ
450 ml lauwarmes Wasser
180 g Mozzarella-Käse
½ TL Oregano (getrocknet)
¼ TL Pfeffer (schwarz)
100 g Tomaten
2 EL Olivenöl, kalt gepresst
6 Blätter frisches Basilikum
Gemüse zum Belegen nach Wahl
Salz und Pfeffer

Nährwerte p. P.

908 kcal
159 g Kohlenhydrate
17 g Fett
27 g Eiweiß

1 Warmes Wasser in eine Schüssel geben. Hefe hinzufügen und vorsichtig umrühren. Für 10 Minuten ruhen lassen. Wasser-Hefemischung in eine große Schüssel geben. In einer separaten Schale Mehl, Zucker und Salz mischen. Gemeinsam mit dem Olivenöl nach und nach zur Wasser-Hefemischung zugeben und gut vermengen. Alles gut verkneten, sobald der Teig nicht mehr klebrig ist.

2 Der Schlüssel zu einem gelungenen Pizzateig ist die richtige Knetzeit. Der Teig sollte zumindest für 10 Minuten durchgeknetet werden. Nehmen Sie die Küchenmaschine oder Knethaken zu Hilfe, wenn nötig.

3 Teig in zwei Hälften teilen und zu Kugeln formen. Jeweils zudecken und für 1 Stunde an einem warmen Ort gehen lassen.

4 Unterdessen den Belag vorbereiten. Mozzarella-Käse in dünne Scheiben schneiden. Tomaten schneiden und in eine Rührschüssel geben. Mit dem Stabmixer pürieren, bis sie cremig sind. Mit Salz , Pfeffer und Oregano würzen. Etwas Olivenöl hinzufügen, um eine etwas dickere Konsistenz zu erhalten.

5 Den Ofen auf 220 °C (Umluft) vorheizen. Den Teig nochmals auf einer bemehlten Fläche durchkneten, sodass sich wieder eine glatte Kugel bildet. Ausrollen und den Teig am Rand schön dick lassen und gegebenenfalls mehrmals umfalten. Mit Tomatensoße beträufeln und mit Käse belegen. Goldbraun backen, etwa 6 bis 12 Minuten lang. Mit Basilikum garnieren und servieren.

UTICA GREENS

4 Port.

25 Min.

Mittel

Zutaten

1 Kopf Chicorée
3 EL Olivenöl
200 g Prosciutto
2 Zwiebeln
3 Zehen Knoblauch
6 Kirschpaprika (eingelegt)
250 ml Wasser
100 g Semmelbrösel
Salz und Pfeffer
50 g Romano-Käse (gerieben)

Nährwerte p. P.

210 kcal
10 g Kohlenhydrate
16 g Fett
6 g Eiweiß

1 Den Prosciutto würfeln. Knoblauchzehen und Zwiebeln schälen und hacken. Kirschpaprika in feine Stücke schneiden.

2 Eine Schale Eiswasser vorbereiten. Waschen Sie den Chicorée und schneiden Sie ihn in kleine Stücke. Salzwasser zum Kochen bringen und den Salat darin für 2 Minuten kochen. Dann in das Eiswasser geben und so blanchieren.

3 Erhitzen Sie Öl in einer großen Pfanne. Geben Sie Prosciutto und Zwiebeln hinzu und braten Sie alles für 5 Minuten. Knoblauch hinzufügen und noch 1 Minute braten.

4 Unterdessen Chicorée waschen und abtropfen lassen. Mit Kirschpaprika und Wasser zur Pfanne dazugeben. Gut mixen und mit Salz und Pfeffer abschmecken.

5 Alles für 8 Minuten auf mittlerer Stufe köcheln lassen. Unterdessen den Ofen auf 180 °C (Umluft) vorheizen. Herausnehmen und in eine ofenfeste Form geben. Mit Semmelbröseln und Käse bestreuen und für 2 Minuten auf oberster Schiene im Ofen anbräunen.

ASPARAGUS AND CARAMELIZED ONION MAC AND CHEESE |

SPARGEL UND KARAMELLISIERTE ZWIEBELN MAC AND CHEESE

10 Port.

1 Std.
25 Min.

Leicht

Zutaten

5 EL Butter (ungesalzen)
3 Zweige Majoran
1 Zwiebel (groß, rot)
450 g Spargel (grün oder weiß)
450 g Cavatappi-Nudeln
30 g Allzweckmehl
500 ml Vollmilch
600 g Fontina-Käse
Pfeffer, Salz

Nährwerte p. P.

701 kcal
86 g Kohlenhydrate
62 g Fett
3 g Eiweiß

1 Zwiebel schälen und in dünne Scheiben schneiden. Einen Majoran-Zweig fein hacken. Den Fontina-Käse zerkleinern, wenn nicht schon geschehen.

2 Erhitzen Sie eine große Pfanne auf mittlerer Stufe. 1 Esslöffel Butter hineingeben und schmelzen lassen. Zwiebeln, ganze Majoran-Zweige, Pfeffer und Salz darin für 5 Minuten braten.

3 Verringern Sie die Hitze auf niedrigste Stufe und lassen Sie alles unter gelegentlichem Umrühren für 25 Minuten ziehen, sodass die Zwiebeln karamellisieren.

4 Den Ofen auf 200 °C (Umluft) vorheizen. Bestreichen Sie eine Auflaufform mit Butter. Eine Schüssel mit Eiswasser vorbereiten.

5 Einen großen Topf Wasser zum Kochen bringen und gründlich Salz hinzufügen. Geben Sie den Spargel in das Wasser und blanchieren Sie ihn für 1 bis 2 Minuten. Herausnehmen und in Eiswasser tauchen, dann beiseitestellen.

6 Nudeln in das Wasser geben. Nach Packungsanweisung bissfest kochen und abgießen.

7 Schneiden Sie den gekochten Spargel in 2 cm lange Stücke.

8 4 Esslöffel Butter in einem Topf auf mittlerer Stufe erhitzen. Rühren Sie langsam Mehl und 1 Prise Salz ein. Alles für 2 Minuten köcheln lassen, dann nach und nach die Milch hinzufügen.

9 Kochen Sie die Mischung unter ständigem Rühren für etwa 5 Minuten, bis sie eingedickt ist. Hitze auf niedrigste Stufe verringern und den Käse hinzugeben. 2 Esslöffel Käse für die Garnitur zurückbehalten.

10 Nudeln in einer Schüssel mit karamellisierten Zwiebeln und gehacktem Spargel vermischen. Käsesoße hinzufügen und unterheben. Alles mithilfe eines Kochlöffels in die Auflaufform geben und mit den 2 Esslöffeln Käse bestreuen. Für 40 Minuten goldbraun backen, sodass die Füllung zu blubbern beginnt.

11 Mit dem gehackten Majoran servieren.

ACORN SQUASH POLENTA |

EICHELKÜRBIS-POLENTA

10 Port.

1,5 Std.

Leicht

Zutaten

1 EL Butter
170 g Polenta
1 L Wasser
½ Eichelkürbis
60 g Asiago-Käse (gerieben)
Meersalz
Olivenöl

Nährwerte p. P.

342 kcal
51 g Kohlenhydrate
13 g Fett
6 g Eiweiß

1 Den Ofen auf 200 °C (Umluft) vorheizen.

2 Schneiden Sie den Kürbis mit einem großen und scharfen Messer in zwei Hälften. Kerne herausschaben und zur Resteverwertung geben. Sie können beide Kürbishälften backen, um das Fruchtfleisch später zu verwenden, oder aber nur eine Hälfte backen und den frischen Kürbis am nächsten Tag zubereiten.

3 Legen Sie die Kürbishälfte mit der Schnittfläche nach oben auf ein Backblech und bepinseln Sie das Fruchtfleisch mit Olivenöl. Salzen und mit Alufolie abdecken. Für 45 Minuten im Ofen backen. Der Kürbis sollte zart und weich sein, wenn er fertig ist. Herausnehmen und abkühlen lassen.

4 Unterdessen bringen Sie in der Zwischenzeit 1 Liter Wasser auf mittlerer Stufe zum Kochen. Polenta und 1 Teelöffel Meersalz hinzugeben und einrühren. Alles aufkochen lassen und die Hitze auf niedrigste Stufe reduzieren. 30 Minuten köcheln lassen. Häufig umrühren.

5 Fruchtfleisch des Kürbisses aus der Schale entfernen und mithilfe eines Schneebesens unter die Polenta heben. Fügen Sie Asiago und Butter hinzu und lassen Sie alles weiterköcheln, sodass die Polenta weich und cremig wird. Insgesamt sollte die Polenta für ca. 35 bis 40 Minuten köcheln.

JERUSALEM-ARTICHOKE LASAGNA |

JERUSALEM-ARTISCHOCKEN-LASAGNE

4 Port. 55 Min. Mittel

Zutaten

450 g Artischockenherzen (gefroren)
4 Zehen Knoblauch
1 Schalotte
60 ml Olivenöl (kalt gepresst)
800 ml Wasser
Petersilie
Ein paar rote Chili-Flocken
1 TL Salz
Pfeffer (schwarz)
100 ml Weißwein (trocken, z. B. Pinot Grigio)
100 g Parmigiano Reggiano (gerieben)
100g Mozzarella
1 Pck. Lasagneblätter

Nährwerte p. P.

686 kcal
12 g Kohlenhydrate
33 g Fett
53 g Eiweiß

1 Knoblauchzehen schälen und in dünne Scheiben schneiden. Schalotte und Petersilie fein hacken. Mozzarella in dicke Scheiben schneiden.

2 In einer großen Pfanne Öl erhitzen. Schalotte hinzugeben und bei mittlerer Hitze anbraten, bis sie glasig ist.

3 Fügen Sie den Knoblauch hinzu und lassen Sie ihn unter ständigem Rühren für etwa 2 Minuten sautieren.

4 Artischockenherzen, Pfeffer, Salz und Chili hinzugeben. Alles für 3 Minuten unter ständigem Rühren köcheln lassen.

5 Fügen Sie die Petersilie hinzu und löschen Sie alles mit dem Weißwein ab. Für 3 Minuten kochen, bis der Weißwein verdampft ist.

6 Fügen Sie Wasser hinzu und schmecken Sie alles gegebenenfalls mit Salz und Pfeffer ab.

7 Die Pfanne mit einem großen Deckel abdecken und die Hitze auf niedrigste Stufe reduzieren. Für 30 Minuten köcheln lassen. Die Artischocken sollten weich sein und es sollte noch genügend Brühe zum Kochen der Lasagne vorhanden sein.

8 Den Ofen auf 180 °C (Umluft) vorheizen. In einer Auflaufform eine Kelle Artischockensoße geben und eine Schicht Nudeln hinaufgeben.

9 Etwa ⅓ des Mozzarellas auf den Artischocken verteilen. Mit ¼ des Parmesans bestreuen.

10 Mit Brühe bedecken, sodass alle Zutaten feucht sind, und den Vorgang zweimal wiederholen. Alle Zutaten sollten am Ende gut mit der Brühe bedeckt sein.

11 Bei 180 °C für 30 Minuten lang mit Alufolie zugedeckt backen. Die oberste Schicht Käse sollte goldbraun sein und die Soße blubbern.

12 Nehmen Sie die Lasagne aus dem Ofen und lassen Sie sie noch etwa 15 Minuten ruhen. In Scheiben schneiden, mit Parmesan bestreuen und heiß servieren.

NEW YORK STYLE POMMES

4 Port. 45 Min. Leicht

Zutaten

Für die Pommes frites:
6 EL Avocadoöl
1 EL Speisestärke
5 Kartoffeln (groß, rot)

Für die Käsesoße:
2 EL Mehl
2 EL gesalzene Butter
240 ml Milch
100 g Cheddar-Käse (scharf, gerieben)
1 TL Tabasco-Soße

Beläge:
1 Tomate (groß)
3 Frühlingszwiebeln
120 ml saure Sahne

Nährwerte p. P.

386 kcal
32 g Kohlenhydrate
27 g Fett
4 g Eiweiß

1 Tomate würfeln. Den dunkelgrünen Teil der Frühlingszwiebeln fein hacken. Heizen Sie den Ofen auf 180 °C vor. Kartoffeln schälen und in etwa 1 cm dicke Scheiben schneiden. Die Scheiben in längliche Pommes teilen, die auch etwa 1 cm breit sind. Fertige Pommes in eine Schüssel kaltes Wasser geben und für einige Minuten stehen lassen. Dadurch löst sich die Stärke von der Außenseite.

2 Pommes abtropfen lassen und in eine große Schüssel geben. 2 Esslöffel Öl und Maisstärke hinzugeben. Alles gründlich durchschwenken, sodass alle Pommes gleichmäßig bedeckt sind. 2 Backbleche vorbereiten. Jeweils 2 Esslöffel Öl auf den Boden des Blechs geben und Bleche für 2 Minuten im Ofen vorwärmen. Verteilen Sie die Pommes auf beiden Blechen und achten Sie darauf, dass sie nicht zu nah beieinanderliegen.

3 Bei 200 °C für 15 Minuten backen. Pommes herausnehmen und wenden, dann nochmals bei 220 °C für weitere 15 bis 20 Minuten backen. Die Pommes sollten goldbraun und knusprig sein. In der Zwischenzeit 2 Esslöffel Butter in einem Topf schmelzen lassen. Mehl in den Topf hinzugeben und alles unter ständigem Umrühren für 4 Minuten kochen lassen. Die Mischung sollte anfangen, Blasen zu werfen und Mehlschwitze bilden. Langsam die Milch einrühren, sodass eine homogene Masse entsteht. Wenn die Mischung dick geworden ist, den Käse hinzugeben und alles umrühren, bis er vollständig geschmolzen ist. Scharfe Soße hinzufügen und alles gut durchmengen.

4 Die Pommes frites in gerechte Portionen teilen und einen Klecks Käsesoße sowie saure Sahne hinzufügen. Tomaten und Zwiebeln darüberstreuen und sofort servieren.

Vegan main courses

Vegane Hauptspeisen

SYCARUSE SALT POTATOES |

SYCARUSE-SALZKARTOFFELN

6 Port. 40 Min. Leicht

Zutaten

1 ½ kg Frühkartoffeln
300 g Salz
4 EL Butter (ungesalzen)
Frische Kräuter

Nährwerte p. P.

277 kcal
40 g Kohlenhydrate
12 g Fett
5 g Eiweiß

1 Kartoffeln sauber schrubben und Dreck und störende Stellen entfernen. Kräuter hacken.

2 ½ Liter Wasser in einen großen Topf geben und das Salz mit einem Schneebesen einrühren, bis es sich vollständig aufgelöst hat. Es sollte kein Salz mehr auf den Boden des Topfes sinken.

3 Geben Sie die Kartoffeln in den Topf und bringen Sie sie auf höchster Stufe zum Kochen. Auf mittlere oder niedrige Stufe reduzieren, sodass das Wasser nur noch köchelt.

4 Nach etwa 30 Minuten sind die Kartoffeln gabelzart und etwa ¼ der Flüssigkeit verdampft. Kartoffeln in einem Sieb abtropfen lassen, bis sich eine Salzkruste gebildet hat.

5 Schmelzen Sie in der Zwischenzeit die Butter in einer Pfanne und beträufeln Sie die mit Salzkruste bedeckten Kartoffeln mit ihr. Gehackte Kräuter darüberstreuen und sofort servieren.

VEGANER REUBEN

1 Brot

25 Min.

Leicht

Zutaten

Für das jüdische Roggenbrot:
300 g Brotmehl
150 g Roggenmehl
1 ½ TL Trockenhefe
1 ½ EL Kümmel
1 EL Zucker
250 ml warmes Wasser
1 EL Pflanzenöl
1 ½ TL Salz
1 EL Melasse

Für den Belag:
4 Streifen Tempeh-Speck
1 Beefsteak-Tomate
1 EL Ketchup
1 EL vegane Mayonnaise
1 Scheibe veganer Schweizer Käse
½ Avocado (groß, reif)
3 EL Sauerkraut

Nährwerte p. P.

596 kcal
59 g Kohlenhydrate
34 g Fett
9 g Eiweiß

1 Für das jüdische Roggenbrot in einer großen Schüssel Brotmehl, Roggenmehl, Kümmel, Hefe, Salz und Zucker vermengen. Fügen Sie Öl, Wasser und Melasse hinzu und vermischen Sie alles gründlich. Es bildet sich ein leicht klebriger Teig.

2 Den Teig auf einer bemehlten Fläche für 10 Minuten kneten, sodass er glatt wird.

3 Eine Schüssel mit Pflanzenöl fetten und den Teig hineinlegen. Decken Sie den Teig mit einem Tuch ab und lassen Sie ihn für 2 Stunden an einem warmen Ort gehen, bis sich seine Größe verdoppelt hat.

4 Den Teig nach der Gehzeit zu einem runden Laib formen und ein Backblech mit Maismehl bestreuen. Auf das Backblech legen und nochmals für 1 Stunde gehen lassen.

5 Heizen Sie den Backofen auf 190 °C vor. Backen Sie das Brot für 30 bis 35 Minuten, sodass es goldbraun wird. Es sollte sich hohl anhören, wenn man auf den Boden klopft.

6 Nehmen Sie das Brot aus dem Ofen und lassen Sie es auf einem Gitterrost vollständig abkühlen.

7 Avocado entkernen und Fruchtfleisch in kleine Streifen schneiden. Tomate in dicke Scheiben schneiden.

8 Verquirlen Sie Mayonnaise mit Ketchup in einer Schüssel. Schneiden Sie das ausgekühlte Roggenbrot in dicke Scheiben und toasten Sie es, wenn es Ihnen beliebt. Ketchup-Mayo-Mischung auf eine Scheibe Brot streichen und den Käse auf eine andere Scheibe legen und gegebenenfalls schmelzen lassen.

9 Die Tempeh-Streifen in einer Pfanne bei mittlerer Hitze für 2 Minuten auf jeder Seite scharf anbraten. Auf die Scheibe Brot mit Ketchup und Mayo geben, Tomaten hinaufgeben und Avocado mit Sauerkraut hinzufügen. Die andere Brotscheibe mit dem Käse nach unten daraufgeben und servieren.

BUFFALO CAULIFLOWER |

BUFFALO-BLUMENKOHL

 4 Port.
 55 Min.
 Leicht

Zutaten

250 ml Wasser
½ TL Knoblauchpulver
1 Kopf Blumenkohl
100 g Allzweckmehl
2 EL Butter
120 ml scharfe Chilisoße
1 TL Honig
Salz und Pfeffer

Nährwerte p. P.

218 kcal
36 g Kohlenhydrate
7 g Fett
9 g Eiweiß

1 Blumenkohl in kleine Röschen schneiden.

2 Heizen Sie den Ofen auf 230 °C vor. Fetten Sie ein Backblech mit Öl ein.

3 Wasser, Mehl, Salz , Knoblauchpulver und Pfeffer in einer großen Schüssel verquirlen, sodass ein glatter und flüssiger Teig entsteht.

4 Geben Sie die Blumenkohlstücke in den Teig und vermengen Sie alles gut miteinander, sodass die Stücke möglichst vollständig mit Teig bedeckt sind.

5 Auf das Backblech legen und für 20 Minuten backen, bis sie leicht gebräunt sind.

6 Für die Soße Butter in einem Topf auf mittlerer Stufe erhitzen und schmelzen lassen. Nehmen Sie die Butter vom Herd und rühren Sie die Chilisoße und den Honig ein. Rühren Sie, bis eine glatte Masse entsteht.

7 Streichen Sie die Blumenkohlstücke mit der Soße ein, sodass jedes Stück ausreichend bedeckt ist.

8 Alles wieder in den Ofen geben und für 10 Minuten backen, bis der Blumenkohl zu bräunen beginnt. Für 10 Minuten abkühlen lassen und servieren.

VEGANE HOTDOGS

12 Port. | 1 Std. 15 Min. | Leicht

Zutaten

10 - 12 Hotdog-Brötchen

Toppings:
Senf
Zwiebeln, geröstet
Ketchup
6 Gewürzgurken

Für die vegetarischen Würstchen:
50 g Quinoa (gekocht)
60 g Karotten
100 g Linsen (rot, gekocht)
60 g Grünkohl
1 Zwiebel
1 - 2 Zehen Knoblauch
1 EL Senf
1 EL Tomatenmark
200 g Kirchererbsen
40 g Semmelbrösel
75 g Kichererbsenmehl
Salz und Pfeffer

Nährwerte p. P.

538 kcal
52 g Kohlenhydrate
26 g Fett
21 g Eiweiß

1 Gewürzgurken in Scheiben schneiden. Wenn Sie keine gekochten Linsen und gekochte Quinoa finden können, die ungekochten Zutaten nach Packungsbeilage zubereiten.

2 Grünkohl waschen, Karotte schälen und beides fein hacken. Knoblauch und Zwiebel schälen und ebenfalls fein hacken. Kichererbsen kalt abspülen und abtropfen lassen. Geben Sie Quinoa, Linsen und Grünkohl mit Karotten, Zwiebeln, Knoblauch und Kichererbsen in eine Schüssel. Tomatenmark, Senf, Pfeffer und Salz hinzufügen und alles gut miteinander vermengen.

3 Mit einem Stabmixer die Mischung leicht pürieren. Die Mischung darf ruhig etwas grob sein, man soll sie allerdings zu Würsten formen können. Kneten Sie das Panier- und Kichererbsenmehl unter und formen Sie etwa 10 bis 12 Würste. Für mindestens 30 Minuten in den Kühlschrank geben und fest werden lassen.

4 In einer Pfanne etwas Öl erhitzen und die Würstchen für 10 Minuten lang braten. Nach dem Braten für weitere 5 bis 10 Minuten in der warmen Pfanne ruhen lassen.

5 Die Würstchen mindestens 30 Minuten lang im Kühlschrank fest werden lassen. Hotdog-Brötchen toasten oder im Backofen erwärmen und den Hotdog mit Würstchen, Ketchup, Gewürzgurkenscheiben und Röstzwiebeln füllen.

KNISHES

 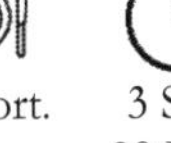  

10 Port. | 3 Std. 20 Min. | Mittel

Zutaten

Knish-Teig:
2 TL Kristallzucker
1 TL Salz
2 TL Backpulver
60 ml Wasser
120 g vegane Butter
6 EL Aquafaba (Flüssigkeit aus Kichererbsen aus der Dose)
250 g Allzweckmehl

Füllung:
1 Zwiebel
2 Zehen Knoblauch
2 EL Olivenöl
750 g Kartoffeln
120 ml Milchersatz
1 EL Vegane Butter

Nährwerte p. P.

312 kcal
38 g Kohlenhydrate
16 g Fett
5 g Eiweiß

1 Kartoffeln schälen und halbieren. Zwiebel und Knoblauch schälen. Zwiebel würfeln und Knoblauch fein hacken.

2 Für den Knish-Teig Aquafaba in einer kleinen Schüssel mit dem Handrührgerät aufschlagen. Es sollte richtig schaumig sein. Beiseitestellen.

3 In eine große Schüssel Mehl, Backpulver, Zucker und Salz geben. Mit dem Schneebesen vermengen.

4 Vegane Butter würfeln. Zu den trockenen Zutaten dazugeben und die Butter mit dem Handrührgerät einarbeiten. Alles sollte gut miteinander vermengt sein. Wenn kleine Butterstücke übrig bleiben, macht das nichts, denn so werden die Knishes nur flockiger.

5 Fügen Sie zum aufgeschlagenen Aquafaba Wasser hinzu. Alles mit dem Handrührgerät vermengen und zu dem Butter-Teig hinzugeben. Mit einem Holzlöffel einarbeiten. Der Teig kann klebrig oder feucht sein, er sollte sich aber trotzdem zu einer losen Kugel formen lassen.

6 In Frischhaltefolie einwickeln und mindestens 2 Stunden im Kühlschrank kühlen.

7 Für die Füllung die Kartoffeln in einem großen Topf mit 5 cm Wasser bedecken und zum Kochen bringen. Für 20 Minuten kochen, bis sie gabelweich sind.

8 Erhitzen Sie das Olivenöl in einer Pfanne auf niedriger Stufe. Geben Sie Zwiebel und Knoblauch hinzu und braten Sie alles für 15 Minuten an.

9 Kartoffeln abgießen und in eine große Schüssel geben. Zerdrücken und vegane Milch und Butter hinzugeben. Alles rühren, bis die Butter vollständig geschmolzen ist und das Püree eine cremige Konsistenz hat.

10 Knoblauch und Zwiebeln mit einem Holzlöffel unterheben. Einige Minuten abkühlen lassen und dann in ein luftdichtes Behältnis im Kühlschrank geben, bis der Teig nicht mehr ruht.

11 Ofen auf 200 °C (Umluft) vorheizen. Ein Backblech mit Backpapier auslegen und den Teig auf eine bemehlte Arbeitsfläche geben. Zu einem großen Rechteck ausrollen und mit einem Messer quer in zwei lange Rechtecke teilen.

12 Fünfmal jeweils 2 Esslöffel Kartoffelfüllung auf jedem Rechteck verteilen. Halten Sie dabei einen 1-cm-Abstand zwischen den Portionen ein.

13 Zwischen den Füllungen in Hälften teilen, sodass 10 Teigstücke mit einer Füllung entstehen. Teigstücke von oben nach unten einrollen und den Rand mit den Fingern verschließen. Die Enden an den Seiten jeweils drehen, sodass der Knish gut versiegelt ist.

14 Auf dem Backblech verteilen und die Oberseiten mit Olivenöl bestreichen. 30 Minuten lang backen, bis sie goldbraun sind. Vor dem Servieren für 15 Minuten auskühlen lassen.

LENTIL TACOS |

LINSEN-TACOS

8 Port.

40 Min.

Leicht

Zutaten

Für die Gewürzmischung:
1 ½ TL Kreuzkümmel (gemahlen)
½ TL Paprika
1 EL Chilipulver
Je ¼ TL Knoblauchpulver, Zwiebelpulver
¼ TL rote Paprikaflocken
¼ TL Oregano (getrocknet)
Salz, Pfeffer

420 g Linsen (gekocht)
1 Zwiebel (weiß)
1 EL Olivenöl
60 ml Gemüsebrühe
Mais- oder Mehltortillas (zum Servieren)
1 Kopf Eisbergsalat
Jalapeños

Für die Guacamole:
2 Avocados
½ Zitrone
2 Tomaten
1 Zehe Knoblauch
1 EL veganer Naturjoghurt
Salz und Pfeffer

Nährwerte p. P.

173 kcal
30 g Kohlenhydrate
3 g Fett
7 g Eiweiß

1 Falls die Linsen noch nicht gekocht sind, getrocknete Linsen nach Packungsbeilage zubereiten und auskühlen lassen.

2 Zwiebel und Knoblauch schälen. Zwiebel fein würfeln und Knoblauch hacken. Den Salat abputzen und dann mit einem großen Messer vom Kopf Scheiben schneiden. Gegebenenfalls nachhacken, sodass geschredderter Salat entsteht. Jalapeños in Scheiben schneiden.

3 Für die Guacamole die Avocados entkernen und das Fruchtfleisch herauslösen. Zerdrücken Sie das Fruchtfleisch zu einem feinen Mus. Knoblauchzehen pressen. Zitrone pressen. Tomaten waschen und würfeln. Hinzugeben und mit Zitronensaft und Knoblauch verrühren. Etwas veganen Joghurt hinzugeben und mit Salz und Pfeffer abschmecken.

4 Für die Gewürzmischung alle Zutaten in einer kleinen Schale mit einem Esslöffel miteinander vermengen.

5 Eine große Pfanne auf mittlerer Stufe erhitzen und 1 Esslöffel Öl hineingeben. Zwiebel für 4 bis 5 Minuten dünsten, bis sie glasig ist. Gewürzmischung hinzufügen. Unter ständigem Rühren 2 Minuten lang braten, sodass die Gewürze nicht verbrennen.

6 Unterdessen Tortillas nach Belieben im Ofen oder der Mikrowelle erwärmen. Linsen in die Pfanne geben und umrühren.

7 Mit Gemüsebrühe ablöschen und alles vorsichtig zerdrücken, sodass es eine Konsistenz von Hackfleisch bekommt. Dazu können Sie die Mischung auch kurz aus der Pfanne entfernen. Wenn die Mischung zu trocken wird, mit Gemüsebrühe oder Salsa verdünnen. Alles ein paar Minuten weiterkochen, bis es ganz heiß ist.

8 Geben Sie von der Linsenfüllung 2 gehäufte Esslöffel in die Tortillas. Mit Guacamole, geschreddertem Salat und Jalapeños anrichten.

Tipp: Falls getrocknete Linsen verwendet werden, diese zunächst abspülen und in einen Topf mit Wasser geben, sodass sie 3 Zentimeter bedeckt sind. Alles zum Kochen bringen und auf mittlerer Stufe für etwa 30 Minuten köcheln lassen, bis sie weich sind.

SPELT RISOTTO WITH MUSHROOMS |

DINKELRISOTTO MIT PILZEN

4 Port.

50 Min.

Mittel

Zutaten

100 g getrocknete Steinpilze
250 g Dinkelreis
½ EL Olivenöl
1 Zwiebel
2 Zehen Knoblauch
120 ml Weißwein
100 g Kastanienpilze
1 L Gemüsebrühe
1 EL vegane Crème fraîche
Schnittlauch
Veganer Streukäse (gerieben) zum Servieren
Salz und Pfeffer

Nährwerte p. P.

255 kcal
49 g Kohlenhydrate
4 g Fett
7 g Eiweiß

1 Zwiebel und Knoblauch schälen. Beides fein würfeln. Kastanienpilze putzen und vierteln. Schnittlauch hacken. Bedecken Sie den Dinkelreis mit kaltem Wasser. Einen Topf mit 100 ml Wasser erhitzen und die getrockneten Pilze darin abseits des Herdes für 20 Minuten einweichen.

2 Geben Sie das Olivenöl in eine große Bratpfanne oder einen großen Topf. Auf mittlerer Stufe erhitzen. Knoblauch und Zwiebeln hinzufügen und für 2 Minuten braten. Fügen Sie die Kastanienpilze hinzu und lassen Sie alles für 2 weitere Minuten braten.

3 Lassen Sie den Dinkelreis abtropfen und fügen Sie ihn mit dem Wein der Pilzmischung hinzu. Köcheln lassen, dabei häufig umrühren, bis die Flüssigkeit größtenteils verdampft ist. Gießen Sie die Steinpilze ab und fangen Sie das Einweichwasser auf. Pilze in die Pfanne geben und die abgefangene Flüssigkeit mit der Brühe mischen.

4 Etwa 240 ml der Brühe in die Pilzmischung geben und köcheln lassen, bis die gesamte Flüssigkeit aufgesogen ist. Dabei häufig umrühren. Vorgang wiederholen, bis der Dinkel gerade weich ist, für etwa 20 Minuten. Rühren Sie die Crème fraîche unter und schmecken Sie alles mit Salz und Pfeffer ab. Zum Servieren mit Schnittlauch und Käse bestreuen.

Snacks & Fingerfood

BACON-WRAPPED PICKLES |

SAURE GURKEN IN BACON-MANTEL

10 Port.

25 Min.

Leicht

Zutaten

10 Scheiben Speck
10 saure Gurken
Salz und Pfeffer nach Belieben
Dill

Nährwerte p. P.

100 kcal
2 g Kohlenhydrate
9 g Fett
3 g Eiweiß

1 Heizen Sie den Ofen auf 220 °C vor. Ein Backblech mit Backpapier auslegen und beiseitelegen.

2 Gurken aus dem Glas nehmen und auf Küchenpapier abtropfen lassen. Je eine Gurke mit einer Scheibe Speck belegen und auf das Backblech legen. Pfeffern und salzen, wenn gewünscht.

3 Backen Sie die Gurken für 20 Minuten, bis der Speck knusprig ist.

4 In der Zwischenzeit Dill hacken. Gurken aus dem Ofen holen und kurz abkühlen lassen, dann mit Dill bestreuen und servieren.

GRILLED CHICKEN SPIEDIES

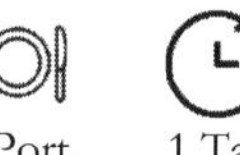

4 Port. 1 Tag Leicht

Zutaten

1 kg Hähnchenbrust (entbeint, ohne Haut)
4 Brötchen
1 Zwiebel (weiß)
1 Tomate
Olivenöl
Salz

Für die Marinade:
240 ml Olivenöl
120 ml Rotweinessig
1 Zitrone
1 Zehe Knoblauch
Minze, Basilikum, Oregano, Petersilie und Tymian (frisch)
2 TL Honig
1 TL Salz (koscher)
¼ TL Pfeffer (schwarz)
1 TL Paprikaflocken (rot)

Nährwerte p. P.

875 kcal
73 g Kohlenhydrate
41 g Fett
50 g Eiweiß

1 Für die Marinade die Kräuter fein hacken. Knoblauch schälen und hacken. Eine Zitrone pressen und die Schale klein schneiden oder abreiben.

2 Kräuter mit Knoblauch, Pfeffer, Salz und Paprikaflocken mischen. Zitronensaft, Honig, Olivenöl und Rotweinessig hinzugeben und alles gründlich miteinander vermengen. Wenn gewünscht, Zitronenabrieb hinzufügen und unterrühren. Die Hälfte der Marinade beiseitestellen und als Dressing aufbewahren.

3 Die andere Hälfte für die Zubereitung des Hühnchens nutzen. Dazu Hähnchenbrust in kleine Würfel teilen. Hähnchen mit der Marinade in einen verschlossenen Behälter geben und über Nacht im Kühlschrank ziehen lassen.

4 Am nächsten Tag die Fleischwürfel auf Spieße stecken. Sollten Sie Bambus- oder Holzspieße verwenden, diese 30 Minuten vorher in kaltem Wasser einweichen lassen. In einer großen Pfanne Zwiebeln mit Olivenöl und Salz kurz anschwitzen. Für etwa 10 Minuten leicht durchbraten lassen, bis sie weich sind. Beiseitenehmen. Mit Tomate in Scheiben schneiden.

5 Hähnchenspieße in die Pfanne geben und eventuell etwas Öl hinzufügen. Mehrmals wenden und etwa 10 Minuten gut durchbraten lassen.

6 Brötchen in Hälften teilen und mit gegrillten Zwiebeln und geschnittenen Tomaten servieren. Dressing darüberträufeln.

Tipp: Im Sommer können die Spieße auch über dem Grill gegrillt werden und erreichen so ein besonders rauchiges Aroma.

CAJUN SHRIMPS |

CAJUN-GARNELEN

4 Port.

20 Min.

Mittel

Zutaten

4 Zehen Knoblauch
1 Bund Frühlingszwiebeln
120 ml Chilisoße
120 ml Worcestersoße
8 EL Butter (kalt)
1 kg Garnelen (roh, küchenfertig)
2 Zitronen
120 kg Kirschtomaten
4 Stängel Petersilie
150 ml Bier (dunkel)
Cajun-Gewürzmischung
Pfeffer, Salz

Nährwerte p. P.

575 kcal
21 g Kohlenhydrate
29 g Fett
20 g Eiweiß

1 Schälen Sie den Knoblauch und hacken Sie ihn fein. Die Frühlingszwiebeln putzen und waschen. Schneiden Sie die Zwiebeln schräg in dünne Ringe. Eine Zitrone in feine Scheiben schneiden und die andere pressen. Saft beiseite geben.

2 Eine große Pfanne auf mittlerer Stufe erhitzen. 4 Esslöffel Butter hineingeben und schmelzen lassen. Knoblauch und Frühlingszwiebeln hinzugeben und für 2 bis 4 Minuten glasig dünsten.

3 Mit Bier ablöschen. Chilisoße und Zitronensaft hinzugeben. Cajun-Gewürze gemeinsam mit Worcestersoße langsam unterrühren. Alles für etwa 7 Minuten kochen lassen, bis sich die Flüssigkeit auf ungefähr die Hälfte reduziert hat.

4 Waschen Sie die Garnelen und tupfen Sie sie trocken. Kirschtomaten waschen und abtropfen lassen. Dann halbieren. Geben Sie Garnelen und Tomaten in die Pfanne zur Soße. Kräftig unterrühren und alles für weitere 5 Minuten schmoren lassen. Die Garnelen sollten gar und bissfest sein.

5 Petersilie waschen und trocken schütteln. Hacken Sie das Grün der Petersilie und fügen Sie den Rest Butter zur Soße hinzu. Salzen und pfeffern. Zum Servieren mit Zitronenspalten garnieren.

FRIED GREEN TOMATOES |

FRITTIERTE GRÜNE TOMATEN

6 Port. 25 Min. Leicht

Zutaten

1 Ei
60 g Mehl
120 ml Buttermilch
60 g Maismehl
1 TL Salz
1 TL Pfeffer
3 Tomaten (grün)
Öl (zum Frittieren)

Nährwerte p. P.

510 kcal
56 g Kohlenhydrate
27 g Fett
13 g Eiweiß

1 Tomaten in dünne Scheiben schneiden. Ei verquirlen.

2 Verrühren Sie das Ei mit der Buttermilch und stellen Sie die Mischung beiseite. Etwa die Hälfte des Mehls mit Maismehl, Salz und Pfeffer in einer Schüssel vermischen.

3 Bestreuen Sie die Tomatenscheiben mit dem restlichen Mehl. Tauchen Sie jede Scheibe in die Eimischung und dann in die Maismehlmischung.

4 In einer gusseisernen Pfanne Öl zum Frittieren auf 180 °C erhitzen. Geben Sie die Tomaten nach und nach in das Öl. Für jeweils 2 Minuten auf jeder Seite backen, bis sie goldgelb sind.

5 Küchenpapier auf einem Teller auslegen und Tomaten darauf abtropfen lassen.

SAVOURY CARAMEL PEANUTS |

PIKANTE KARAMELL-ERDNÜSSE

10 Port.

25 Min.

Leicht

Zutaten

150 g Erdnüsse (geröstet, gesalzen)
½ TL Zimt
1 TL Vanilleextrakt
2 EL Butter
3 EL Süßstoff (braun, natürlich)
1 TL Meersalz
10 Tropfen Karamell-Aroma

Nährwerte p. P.

188 kcal
5 g Kohlenhydrate
8 g Fett
17 g Eiweiß

1 Den Ofen auf 150 °C (Umluft) vorheizen. Legen Sie ein Backblech mit Backpapier aus.

2 Butter in einer Pfanne auf mittlerer Stufe schmelzen. Mit Süßstoff, Zimt, Vanilleextrakt, Meersalz und Karamell-Aroma vermischen. Alles gründlich umrühren, sodass eine homogene Masse entsteht.

3 Nun die Nüsse unterheben, sodass sie komplett bedeckt sind.

4 Geben Sie die Nussmischung auf das Backblech und verteilen Sie sie gleichmäßig. Für 20 Minuten im Ofen backen.

5 Die Nüsse aus dem Ofen entfernen und mit Meersalz bestreuen, wenn es beliebt.

6 Alles vollständig abkühlen lassen. Die Nüsse lassen sich abgekühlt gut auseinanderbrechen und in einem Glas aufbewahren.

RYE-BREAD GRISSINI |

ROGGENBROT-GRISSINI

60 Port. 1,5 Std. Leicht

Zutaten

200 g Brotmehl
100 g Roggenmehl
1 TL Salz
1 TL Trockenhefe
1 ½ EL Rosmarinblätter (gehackt)
3 EL Olivenöl
180 ml Wasser

Nährwerte p. P.

21 kcal
6 g Kohlenhydrate
1 g Fett
1 g Eiweiß

1 Rosmarinblätter hacken. Zusammen mit Mehl, Hefe und Salz in eine Schüssel geben. Für etwa 20 Sekunden mit dem Handrührgerät mixen, bis die Blätter aufbrechen. Vermengen Sie in einem Messbecher das Wasser mit 1 ½ Esslöffeln Olivenöl. Das Gemisch zum Mehl geben und mit den Knethaken des Handrührgeräts zu einem homogenen Teig verkneten, bis sich dieser leicht von der Schale lösen lässt.

2 Geben Sie den Teig auf eine leicht bemehlte Fläche und kneten Sie ihn ein wenig mit der Hand durch. Eine Schüssel mit Öl bestreichen und den Teig hineingeben. Alles mit Frischhaltefolie abdecken und an einem warmen Ort für etwa 90 Minuten gehen lassen. In dieser Zeit sollte sich der Teig in etwa verdoppelt haben. Heizen Sie den Ofen auf 160 °C vor und legen Sie zwei Backbleche mit Backpapier aus.

3 Teigkugeln in zwei Hälften teilen und die Hälfte, die nicht bearbeitet wird, kühl stellen. Die andere Hälfte zu einem dicken Rechteck ausrollen. Das Rechteck kreuzweise in 15 Teigstreifen teilen. Nehmen Sie die Streifen in die Hand und rollen Sie sie zwischen den Händen, bis die Rolle so groß ist, dass sie die gesamte Länge des Backblechs ausfüllt. So auf das Backblech legen und auf genügend Platz zwischen den Rollen achten.

4 Mit dem übrigen Olivenöl bestreichen und mit grobem Salz bestreuen. Alles für 30 Minuten backen. Das Blech nach der Hälfte der Backzeit drehen und die Grissini umdrehen. Mit der zweiten Hälfte des Teigs genauso verfahren.

Tipp: Wenn Ihnen die Grissini zu groß sind, lassen sie sich wunderbar in kleinere Teile brechen.

FRENCH ONION TOASTS |

FRANZÖSISCHE ZWIEBELTOASTS

12 Port.

20 Min.

Leicht

Zutaten

3 EL Butter
3 Zwiebeln
1 Stängel Rosmarin (frisch)
1 EL Rosmarin (getrocknet)
Je 1 Prise Salz und Pfeffer
1 Baguette
150 g Schweizer Käse (gerieben)

Nährwerte p. P.

316 kcal
32 g Kohlenhydrate
15 g Fett
14 g Eiweiß

1 Zwiebeln schälen und in kleine Würfel schneiden. Rosmarin hacken. Das Baguette in etwa 12 gleich große Scheiben teilen

2 Schmelzen Sie 1 Esslöffel Butter in einer Pfanne auf niedrigster Stufe.

3 Fügen Sie die Zwiebel hinzu und lassen Sie alles unter gelegentlichem Rühren für etwa 15 Minuten kochen. Die Zwiebeln sollten am Ende der Kochzeit goldbraun und weich sein.

4 Heizen Sie den Ofen auf 190 °C vor.

5 Rühren Sie Rosmarin, Pfeffer und Salz unter die Zwiebeln und nehmen Sie sie von der Herdplatte.

6 Bestreichen Sie nun jede Seite einer Baguettescheibe mit Butter und legen Sie diese mit der bestrichenen Seite nach unten auf das Backblech.

7 Verteilen Sie die Zwiebeln gleichmäßig auf den Baguettescheiben. Den Käse gut und gleichmäßig auf den Scheiben verteilen.

8 Alles für etwa 10 Minuten backen, bis der Käse vollständig geschmolzen ist.

Desserts & Drinks

Desserts & Getränke

MANHATTAN

2 Port.

5 Min.

Leicht

Zutaten

60 ml Whisky (Roggen)
30 ml Wermut (süß)
2 Spritzer Angostura-Bitter
2 gebrannte Kirschen

Nährwerte p. P.

167 kcal
4 g Kohlenhydrate
0 g Fett
0 g Eiweiß

1 Den süßen Wermut mit Roggenwhisky und Angostura-Bitter in ein Rührglas geben und Eis hinzufügen. Umrühren, bis er sehr kalt ist.

2 In ein gekühltes Cocktailglas abseihen und mit einer gebrannten Kirsche garnieren.

Tipp: Die sogenannte „Brooklyn Version" dieses Cocktail-Klassikers wird mit 1 cl Marashino und 1 cl Amer Picon (für 2 Portionen) statt des Angosturas serviert.

BLACK-AND-WHITE COOKIES | SCHWARZ-WEIß-COOKIES

14Port. 1 Std. Mittel

Zutaten

Für die Kekse:
255 g Allzweckmehl
1 TL Backpulver
½ TL Meersalz
¼ TL Backpulver
80 ml saure Sahne
80 ml Vollmilch
2 TL Vanilleextrakt
1 TL fein geriebene Zitronenschale
¼ TL Mandelextrakt
115 g Butter (ungesalzen)
200 g Kristallzucker
2 Eier (Größe L)

Für die Glasur:
300 g Puderzucker
1 ½ EL leichter Maissirup
Kochendes Wasser je nach Bedarf
1 TL Vanilleextrakt
1 Prise Salz
70 g Schokolade (ungesüßt)
2 ½ EL Kakaopulver (ungesüßt)

Nährwerte p. P.

402 kcal
70 g Kohlenhydrate
12 g Fett
4 g Eiweiß

1 Butter vor dem Backen herausholen, sodass sie schön weich ist, wenn Sie beginnen.

2 Heizen Sie den Ofen auf 190 °C vor. Zwei Backbleche mit Backpapier auslegen.

3 Mehl, Backpulver, Salz und Backpulver in einer großen Schüssel vermischen. In einer separaten Schüssel Milch, saure Sahne, Vanille, Zitronenschale und Mandelextrakt miteinander vermischen.

4 Mit dem Rührbesen Butter und Kristallzucker für 5 Minuten schaumig rühren. Die Eier unterrühren.

5 Bei niedriger Geschwindigkeit jeweils etwa ⅓ der Mehlmischung und der Sahnemischung einrühren. Den Vorgang wiederholen, bis beides gut in den Teig eingearbeitet ist.

6 Den Teig in flachen Kreisen auf die Backbleche geben. Halten Sie ca. 5 cm Abstand zwischen den Keksen. Es sollten sich ungefähr 12 bis 14 Kekse aus dem Teig ergeben.

7 Für 6 Minuten backen, dann Backbleche drehen und nochmals 6 bis 10 Minuten backen. Die Kekse werden nur an der Unterseite braun und sind dann fertig, wenn sie bei leichtem Druck in der Mitte zurückfedern. Nicht zu lange backen, da sie sonst trocken werden.

8 Die Kekse erst für 15 Minuten auf dem Backblech und dann auf einem Gitterrost abkühlen lassen.

9 Für die Glasur die Schokolade in einem Wasserbad schmelzen. Puderzucker in eine mittelgroße Schüssel geben und 2 bis 4 Esslöffel kochendes Wasser hinzufügen. Mit Maissirup, Vanille und Salz verrühren.

10 Die Kekse umdrehen und die Glasur auf der Hälfte der flachen Seite des Kekses verteilen. Auf dem Gitterrost aushärten lassen. Die übrige Vanilleglasur mit der geschmolzenen Schokolade verrühren. Kakao hinzufügen und rühren, bis eine homogene Masse entsteht. Die andere Hälfte der Kekse mit der Schokoglasur bestreichen. Für 1 bis 2 Stunden fest werden lassen.

NEW YORK CHEESECAKE

10 Port.

10 Std.
55 Min.

Schwer

Zutaten

Für den Boden:
200 g Kekse
100 g Butter
Etwas Zimt

Für die Füllung:
200 g Zucker
800 g Frischkäse
200 g Crème fraîche
2 TL Vanillepaste
1 TL Vanillezucker
1 Zitrone
4 Eier (Größe M)
2-3 EL Mehl

Nährwerte p. P.

659 kcal
59 g Kohlenhydrate
43 g Fett
11 g Eiweiß

1 Zitrone abreiben und den Abrieb beiseite stellen. Die Kekse in einen Gefrierbeutel geben und mit dem Nudelholz zerkleinern. Butter schmelzen. Geben Sie eine kleine Prise Zimt zu der Butter und verkneten Sie dann diese mit den Kekskrümeln.

2 Heizen Sie den Ofen auf 175 °C vor. Den Keksteig in eine gefettete Springform geben und andrücken, sodass er den ganzen Boden und einen kleinen Teil des unteren Randes bedeckt. Für 15 Minuten backen, dann herausnehmen und auskühlen lassen.

3 Den Frischkäse in eine große Schüssel geben und für 2 Minuten cremig rühren. Fügen Sie Zucker, Vanillezucker, Zitronenabrieb , Vanillepaste und Crème fraîche hinzu. Alles langsam verrühren, bis eine homogene Masse entsteht. Zum Schluss das Mehl unterrühren und erst dann die Eier mit Vorsicht unterschlagen.

4 Den Ofen auf 170 °C (Umluft) vorheizen. Die Füllung hineingeben und glatt streichen. Für etwa 45 Minuten backen. Um zu vermeiden, dass er zu dunkel wird, mit einer Alufolie nach der Hälfte der Backzeit abdecken.

5 Wenn der Cheesecake aus dem Ofen kommt, sollte die Mitte noch leicht wackeln.

Tipp: Für einen besonders gelungenen Cheesecake empfiehlt es sich, den Kuchen in einem Wasserbad zu backen. Dafür den abgekühlten Boden in der Springform mit Alufolie einwickeln, sodass alles, was im Wasser ist, vollständig abgedeckt ist. So verhindern Sie, dass Wasser an den Kuchen dringt. Ein tiefes Backblech mit Wasser füllen, sodass die Form ca. zur Hälfte in Wasser steht. Statt eines abgedeckten Backblechs können Sie auch eine ofenfeste Auflaufform verwenden.

CHEESE BLINTZES |

KÄSE-BLINTZES

5 Port.

1,5 Std.

Leicht

Zutaten

240 ml Milch
120 g Allzweckmehl
60 ml kaltes Wasser
3 Eier (Größe L)
2 EL Pflanzenöl
1 EL weißer Zucker
½ TL Salz
¼ TL Vanillepaste
Butter (zum Fetten und Braten)

Für die Füllung:
250 g Ricotta-Käse
1 Ei (Größe L)
1 TL Zitronenschale
120 g Frischkäse
3 EL Puderzucker
1 Zitrone
1 Prise Salz

Nährwerte p. P.

452 kcal
33 g Kohlenhydrate
27 g Fett
19 g Eiweiß

1 Für den Teig das Mehl mit dem Wasser, den Eiern, der Milch, dem Öl, dem Zucker, Vanille und Salz gründlich verrühren. Für 2 Minuten mit dem Handrührgerät vermixen, sodass ein glatter Teig entsteht. Für 30 Minuten bei Raumtemperatur ruhen lassen.

2 Für die Füllung den Ricotta mit dem Ei in einer Rührschüssel verquirlen. Frischkäse und 2 Esslöffel Puderzucker hinzugeben und alles nochmals gut mischen. Zum Schluss Zitronenschale und Salz unterrühren. Die Füllung abdecken und im Kühlschrank aufbewahren.

3 Erhitzen Sie nach der Ruhezeit eine Pfanne auf mittlerer oder hoher Stufe. Geben Sie Fett in die Pfanne und etwa 1/10 des Teigs hinzu, sobald das Fett heiß ist.

4 Schwenken Sie den Teig schnell umher, damit er den ganzen Boden der Pfanne bedeckt. Für 1 Minute braten, bis die Oberfläche trocken aussieht. Blintzes umdrehen und für 30 Sekunden von der anderen Seite braten. Die fertigen Blintzes aufeinanderstapeln.

5 Heizen Sie den Ofen auf 165 °C vor. Fetten Sie eine Auflaufform etwas ein. In jeden Blintzen etwa 4 Esslöffel Füllung geben, sodass 1 cm am Rand frei bleibt. Die Seiten einklappen und den Blintz zu einem gefüllten Rechteck aufrollen. Die Naht am unteren Ende schließen. In einer Pfanne Butter auf mittlerer Stufe schmelzen und die Blintzes von beiden Seiten für 1 Minute goldbraun backen.

6 Dann in die Auflaufform geben und in den Ofen schieben. Für 12 Minuten im Ofen backen, sodass die Füllung fest wird.

7 10 Minuten abkühlen lassen, mit dem übrigen Puderzucker bestäuben und servieren.

Tipp: Die Blintzes können auch im Vorhinein zubereitet werden. Dazu die aufgerollten Blintzes vor dem Braten in einer luftdichten Form im Kühlschrank aufbewahren und frisch ausbacken.

COSMOPOLITAN

1 Port.

5 Min.

Leicht

Zutaten

3 cl Wodka
2 cl Cranberrysaft
1 cl Limettensaft
1 cl Cointreau
4 Eiswürfel
Limette oder Cocktailkirsche zur Zierde

Nährwerte p. P.

91 kcal
0 g Kohlenhydrate
0 g Fett
0 g Eiweiß

8 In einem Shaker Limetten- und Cranberrysaft mit Wodka und Cointreau vermengen. Eiswürfel hinzugeben und alles kräftig schütteln.

9 Über einem Barsieb den Cosmopolitan in ein Martiniglas abseihen. Mit einer Limettenspalte oder einer Cocktailkirsche servieren.

Tipp: Für einen besonders schönen Cosmopolitan das Glas im Kühlschrank anfrosten lassen.

NEW YORK STYLE JELLY DONUTS |

NEW YORK STYLE MARMELADEN-DONUTS

18 Port.

11 Std. 10 Min.

Mittel

Zutaten

1 Pck. Trockenhefe
60 ml Wasser, lauwarm
360 ml Vollmilch, lauwarm
50 g Kristallzucker
1 EL Honig
3 Eier (Größe L)
600 g Allzweckmehl, plus mehr zum Arbeiten
1 TL Salz (koscher)
115 g Butter, ungesalzen
350 g Himbeerkonfitüre

Zum Frittieren:
Etwa 1 L Rapsöl
400 g Kristallzucker zum Bestreuen

Nährwerte p. P.

289 kcal
33 g Kohlenhydrate
16 g Fett
5 g Eiweiß

1 Zunächst die Hefe in warmem Wasser auflösen. Etwa 10 Minuten ruhen lassen. Butter aus dem Kühlschrank nehmen und weich werden lassen. Warme Milch, Hefe-Wasser, Zucker, Eier und Honig mit dem Handrührgerät verrühren. Mithilfe der Knethaken nach und nach Mehl und Salz einarbeiten. Butter in kleine Stücke teilen und etwa 8 Minuten lang mit der Mischung vermengen, bis ein glatter Teig entsteht.

2 Den Teig auf eine bemehlte Arbeitsfläche geben und für 5 Minuten mit den Händen gründlich kneten. Formen Sie den Teig zu einer Kugel und geben Sie ihn in eine mit Öl ausgeriebene Schüssel. Zu einer Kugel formen. Mit einem sauberen Handtuch abgedeckt an einen warmen Ort stellen. Für ca. 1 bis 2 Stunden gehen lassen, bis er seine Größe verdoppelt hat.

3 Nach der Ruhezeit den Teig nochmals einige Minuten gut durchkneten. Nochmals zurück in die Schüssel geben und wiederum für 1 Stunde gehen lassen.

4 Auf einer bemehlten Fläche den Teig etwa 2 cm dick ausrollen. Um die Donuts zu formen, eine Keks- oder Donut-Ausstechform benutzen. Den Ausstecher vorher in eine Schüssel Mehl tunken. Sie sollte kreisförmig sein und etwa 10 cm Durchmesser haben. Auf ein mit Backpapier ausgelegtes Blech geben und zwischen den Donuts ca. 1 cm Platz lassen.

5 Mit Frischhaltefolie abdecken und über Nacht im Kühlschrank ruhen lassen.

6 Am nächsten Tag 400 g Kristallzucker in eine flache Schüssel oder auf einen großen Teller geben. Beiseitestellen.

7 Eine große und tiefe Pfanne mit 5 cm Rapsöl bedecken. Öl auf 190 °C erhitzen. Dazu ein Kochthermometer verwenden. Es ist wichtig, dass das Öl auf genau dieser Temperatur zum Frittieren genutzt wird.

8 Die Donuts in das heiße Fett geben und ca. 2 Minuten von jeder Seite goldbraun backen. Auf einem mit Küchenpapier ausgelegten Teller abtropfen lassen und, solange sie noch warm sind, in Kristallzucker wälzen.

9 Einen Spritzbeutel mit Himbeerkonfitüre füllen. Sobald die Donuts abgekühlt sind, die Spitze in die Seite des Donuts stecken und die Konfitüre hineindrücken. Es ist genug Konfitüre im Donut, sobald etwas herausläuft. Auf einer Platte servieren.

LONG ISLAND ICE TEA

1 Port.

10 Min.

Leicht

Zutaten

15 ml Gin
15 ml Tequila
15 ml Wodka
15 ml Zitronensaft
15 ml weißer Rum
15 ml Zuckersirup
15 ml Cointreau
15 ml Limettensaft
80 ml Cola
1 Zitrone (Garnitur)
Eiswürfel

Nährwerte p. P.

250 kcal
19 g Kohlenhydrate
0 g Fett
0 g Eiweiß

1 Füllen Sie alle Zutaten, bis auf die Cola, in einen Cocktailshaker. Eiswürfel oder Crushed Ice hinzufügen. Zitrone in Scheiben schneiden.

2 Schütteln Sie alles ca. 30 Sekunden lang gut durch. In ein Glas abseihen und mit Cola auffüllen. Garnieren Sie den Long Island Ice Tea mit einer Zitronenscheibe.